Mit »Vorsprung durch Technik« drückt Audi seinen Anspruch aus, technisch richtungsweisende, komfortable, wirtschaftliche und sichere Fahrzeuge von hohem Qualitätsstand zu entwickeln und zu produzieren.

Die 1965 wiedererstandene Markenbezeichnung »Audi« steht aber auch für ein interessantes Kapitel deutscher Automobilgeschichte. Es als Teil der Tradition unseres Hauses transparent zu erhalten und als Zeitdokument den Weg der Audi NSU Auto Union AG zu ihrer heutigen Stellung zu belegen, ist Absicht des vorliegenden Buches.

Aus dieser Tradition dem Fortschritt verpflichtet, ist Audi mit seinem innovativen Potential heute bereit, den sich wandelnden Forderungen unserer Zeit erfolgreich zu begegnen.

Ingolstadt, Mai 1980

Dr. Wolfgang R. Habbel
Vorsitzender des Vorstandes
der Audi NSU Auto Union AG

Werner Oswald

Alle Audi Automobile 1910–1980

Typologie der Marke Audi
einst und heute

Motorbuch Verlag Stuttgart

Redaktion und Umbruch: Werner Oswald
Umschlagzeichnung: Carlo Demand
Einband und Umschlagkonzeption: Siegfried Horn

Fotos und Bilder (242):

Audi 1910–1940 (111): Pix (48), Archiv Werner Oswald (20),
Archiv Walter Ulrich (16), Sammlung Robert Jaeger (6), Archiv Klaus Benter (4),
Archiv Dieter Jockisch (3), Archiv Frhr. Reinhard v. Koenig-Fachsenfeld (2),
Sammlung Trübsbach (2), autopress (1), Deutsches Museum (1), Archiv Erik
Eckermann (1), Archiv G. (1), Archiv Rupert Stuhlemmer (1), Archiv
Volkswagenwerk (1), Privat (4)

Audi 1965–1980 (131): Archiv- und Werkbilder (127),
Foto Engelbert Männer (2), autopress (2)

Abgeschlossen nach dem Stand vom 31. März 1980

ISBN 3-87943-685-1

1. Auflage 1980
Copyright © by Motorbuch Verlag, Postfach 1370, 7000 Stuttgart 1
Eine Abteilung des Buch- und Verlagshauses Paul Pietsch GmbH & Co. KG.
Sämtliche Rechte der Verbreitung – in jeglicher Form und Technik – sind vorbehalten
Satz und Druck: SV Druck, 7302 Ostfildern 1
Bindung: Großbuchbinderei Franz Spiegel, 7900 Ulm
Printed in Germany

Inhalt

Lieber Leser,

die Firma Audi, damals im sächsischen Zwickau beheimatet, baute von 1910 bis 1940 hochwertige und exquisite Automobile. Aber sie waren teuer, zeitweise sogar zu teuer, so daß sie auf dem Markt Statisten und in der Statistik keine Rolle spielten. Immerhin erfreuten sie sich unter Individualisten und Enthusiasten eines guten Rufes. So rückte der damalige Audi zwar nie zu den Spitzen- und Nobelmarken auf, genoß aber doch so viel Ansehen, daß es die nach dem Krieg in Ingolstadt wiedererstandene Auto Union bewog, die Marke nach 25 Jahre langer Pause zu neuem Leben zu erwecken.

1965 machte die Auto Union den DKW zum Audi. Der Markenwechsel sollte die Abkehr vom nicht mehr zeitgemäßen Zweitakter so deutlich wie möglich zum Ausdruck bringen. Jahrelang unterschied sich der Audi vom letzten DKW nur durch das Triebwerk, doch der Übergang zum Viertaktmotor, verbunden mit dem Markenwechsel, ließen den Wagen, der als DKW in eine aussichtslose Position geraten war, zu einem eindrucksvollen Erfolg werden. Dieser setzte sich noch verstärkt in den folgenden Typenreihen 80 und 100 fort. Heute gehören die Audis zu den angesehensten Automobilen ihrer Größenordnung. Sie spielen nicht nur dem Rufe nach, sondern auch stückzahlmäßig eine bedeutende Rolle. Wohl kam es ihnen zugute, daß Wiedergeburt und Aufstieg der Marke Audi im Schoße des Volkswagen-Konzerns erfolgten. Andererseits rettete vor Jahren der Rückgriff auf die Ingolstädter Konstruktionen das Volkswagenwerk aus einer schwierigen Krisensituation.

So hat das von Höhen und Tiefen gezeichnete Schicksal der Marke Audi in bemerkenswerter Weise zur Geschichte des deutschen Automobilbaus beigetragen. Diesen Tatbestand, der angesichts drängender Tagesgeschäfte kaum jemals gewürdigt wird, soll das vorliegende Buch ins rechte Licht rücken.

Danken möchte der Verfasser sehr herzlich den vielen Freunden und Mitarbeitern, die zum Gelingen dieses Buches beigetragen haben, und sei es auch nur durch Überlassung einzelner Bilder oder Dokumente. Bei der Zusammenstellung des historischen Teils (1910–1940) haben vor allem Dr. Peter Kirchberg (Dresden), Jürgen Pönisch (Zwickau) und Walter Ulrich (Zürich) wertvollen Beistand geleistet. Die Gestaltung des aktuellen Teils (1965–1980) hat Arno W. Höland (Audi NSU Auto Union A.G., Ingolstadt) tatkräftig unterstützt.

Gewidmet sei dieses Buch allen Freunden der Marke Audi. Sie sollen wissen, daß es unter diesem Namen nicht erst seit heute besonders schöne und gute Automobile gibt. Dies gehört vielmehr bei Audi schon seit 50, 60 und 70 Jahren zur Tradition.

Ing. Werner Oswald
Postfach 126
8024 Deisenhofen bei München

Audi Inserat von 1912. Beachte: Der Mann auf dem Inserat »horcht«!

8

Direktor August Horch baut Automobile jeder Größe: Audi 1910–1921

Am 19. Juni 1909 verläßt August Horch (geb. 1868) die von ihm gegründete Automobilfabrik, die A. Horch & Cie. Motorwagenwerke Aktiengesellschaft in Zwickau/Sachsen. Der Aufsichtsrat hatte ihn auf eine wohl nicht ganz feine Weise wegen seiner kostspieligen konstruktiven und sportlichen Aktivitäten entlassen.*)

Schon einen Tag nach diesem dramatischen Ereignis faßt August Horch den Entschluß, schnellstens ein Konkurrenzunternehmen einzurichten. Von befreundeten Industriellen besorgt er das erforderliche Anfangskapital von 200 000 Mark und kauft eine ehemalige Holzbearbeitungsfabrik, ganz in der Nähe der Horch-Werke AG. gelegen.

Am 16. Juli 1909 erfolgt die Gründung der neuen Firma. Sie heißt August Horch Automobilwerke GmbH., Zwickau. Dieser Firmenname sollte freilich nur kurzen Bestand haben. Die Horch-Werke AG. hatten geklagt, und das

*) Vorgeschichte: Werner Oswald, „Alle Horch Automobile 1900–1945", Motorbuch-Verlag Stuttgart 1979

Reichsgericht verfügte in dritter Instanz, daß August Horch seiner neuen Firma nicht mehr den eigenen Namen geben durfte. Das Recht zu dessen Verwendung verblieb bei der alten AG. und war mit der Abfindung in Höhe von 20 000 Mark, die August Horch erhalten hatte, abgegolten. Ein neuer Firmenname mußte gefunden werden, und nach einiger Überlegung verfällt man auf den lateinischen Imperativ »Audi«, der in deutscher Übersetzung »Horch!« oder »Höre!« bedeutet. Um sich aber dennoch das Ansehen und die Zugkraft des namhaften Automobilpioniers nutzbar zu machen, fügt man jahrelang in Inseraten und Werbeschriften dem Firmennamen »Audi Automobil-Werke GmbH., Zwickau i. S.« in gleich großer Schrift den Vermerk »Leiter: August Horch« oder »Leitung: Direktor August Horch« hinzu.

August Horch brachte es fertig, eine ganze Reihe treuer Mitarbeiter aus seiner früheren Firma in die neue herüber zu holen. Mit dieser Stamm-Mannschaft macht er sich unverzüglich daran, ein neues Automobil zu entwickeln. Zugute kommt ihm dabei, daß er keinerlei Rücksicht auf Vor-

10/22 PS Audi Typ A (1910–1912) als Sport-Phaeton mit amerikanischem Verdeck und Kofferbehälter

AUDI

Typen 1912/13:

10/28 PS, 14/35 PS und 18/45 PS Vierzylinder

Tourenwagen :: Stadtwagen
Geschäftswagen

Audi Automobil-Werke m.b.H.

Zwickau i. Sa.

Leiter: Direktor August Horch.

Filialen und Verkaufsstellen: Berlin, Ballenstedt a. H., Dresden, München, Chemnitz, Halle, Leipzig, Arnstadt i. Thür., Hamburg, Wiesbaden, Argentinien - Uruguay - Paraguay - Brasilien, St. Petersburg, Halbstadt, Gouv. Taurien (Süd-Russland), Milano, Zürich, Wien, Salatiga (Java).

Zylinderzahl
Bohrung × Hub
Hubraum
Leistung
Getriebe
Schaltung
Fußbremse
Handbremse
Radstand
Spur vorn/hinten
Länge Spritzbrett bis
 Mitte Hinterachse
Fahrgestellgewicht
Reifen
Höchstgeschwindigkeit
Preis

Zylinderzahl
Bohrung × Hub
Hubraum
Leistung
Getriebe
Schaltung
Fußbremse
Handbremse
Radstand
Spur vorn/hinten
Länge Spritzbrett bis
 Mitte Hinterachse
Fahrgestellgewicht
Reifen
Höchstgeschwindigkeit
Preis

Zylinderzahl
Bohrung × Hub
Hubraum
Leistung
Getriebe
Schaltung
Fußbremse
Handbremse
Radstand
Spur vorn/hinten
Länge Spritzbrett bis
 Mitte Hinterachse
Fahrgestellgewicht
Reifen
Höchstgeschwindigkeit
Preis

Audi 8/22 PS Typ G 1914		Audi 10/22 PS Typ A 1910–1912	Audi 10/28 PS Typ B 1911–1914
4 (Reihe) 75×118 mm 2084 ccm 22 PS bei 2200 U/min 4 Gang außen rechts Seilzug, Kardanwelle Seilzug, Hinterräder		4 (Reihe, paarweise) 80×130 mm 2612 ccm 22 PS 4 Gang außen rechts Gestänge, Kardanwelle Gestänge, Hinterräder	4 (Reihe, paarweise) 80×130 mm 2612 ccm 28 PS 4 Gang außen rechts Gestänge, Kardanwelle Gestänge, Hinterräder
2745 mm 1250 mm 2000 mm	2995 mm 1250 mm 2250 mm	2900 mm 1300 mm	3050 mm · 3200 mm 1300 mm · 1300 mm 2250 mm · 2400 mm
700 kg 765×105 65 km/h		830 kg 815×105 70 km/h Fahrgestell M 8 500,–	840 kg 815×105 70 km/h Fahrgestell M 8 500,–

Audi 14/35 PS Typ C 1911–1918		Audi 18/45 PS Sport Typ D 1911–1914	Audi 18/45 PS Typ D 1911–1914
4 (Reihe, paarweise) 90×140 mm 3560 ccm 35 PS bei 1800 U/min 4 Gang außen rechts Gestänge, Kardanwelle Gestänge, Hinterräder		4 (Reihe, paarweise) 100×150 mm 4680 ccm 45 PS 4 Gang außen rechts Gestänge, Kardanwelle Gestänge, Hinterräder	
2900 mm · 3050 mm · 3200 mm 1300 mm · 1300 mm · 1300 mm 2100 mm · 2250 mm · 2400 mm		3200 mm 1300 mm 2250 mm	3170 mm · 3320 mm 1400 mm · 1400 mm 2250 mm · 2400 mm
920 kg 820×120 mm 80 km/h Fahrgestell M 10 500,–		1025 kg 820×120 90 bis 100 km/h Fahrgestell M 11 750,–	1200 kg · 1200 kg 880×120 · 880×120 90 km/h · 90 km/h Fahrgestell M 12 500,– · Fahrgestell M 12 500,–

Audi 22/55 PS Typ E 1913–1914	Leichter Audi Lastwagen Typ B. T. (1000 kg) 1913–1914	Leichter Audi Lastwagen Typ F. B. (1500 kg) 1913–1914	Leichter Audi Lastwagen Typ F. C. (1500 kg) 1914
4 (Reihe, paarweise) 110×150 mm 5699 ccm 55 PS bei 1750 U/min 4 Gang außen rechts Gestänge, Kardanwelle Gestänge, Hinterräder		4 (Reihe, paarweise) 80×130 mm 2612 ccm 25/28 PS 4 Gang außen rechts Gestänge, Kardanwelle Seilzug, Hinterräder	4 (Reihe, paarweise) 90×140 mm 3560 ccm 35/36 PS 4 Gang außen rechts Gestänge, Kardanwelle Seilzug, Hinterräder
3170 mm · 3320 mm 1400 mm · 1400 mm 2250 mm · 2400 mm		3320 mm 1400 mm 2500 mm	3320 mm 1400 mm 2600 mm
1250 kg 880×125 100 km/h Fahrgestell M 14 500,–	1050 kg 820×125 45 km/h Fahrgestell M 9 250,–	1230 kg 820×120, hinten doppelt 40 km/h Fahrgestell M 9 250,–	1280 kg 820×120, hinten doppelt 50 km/h Fahrgestell M 12 400,–

gängertypen oder auf noch vorhandene Teile zu nehmen braucht. Noch im Jahr 1910 bringt Horch den 10/22 PS Audi Typ A heraus, für den sich bereits Käufer melden, ehe noch der erste Wagen auf den Rädern steht. Das Auto bewährt sich gut, was aber einen August Horch nicht ruhen läßt.

In rascher Folge erscheinen 1911 der 10/28 PS Audi Typ B als Nachfolger des Typ A, ein 14/35 PS Typ C und ein 18/45 PS Typ D. Dazu kommt 1913 als ausgesprochener Luxuswagen der 22/55 PS Audi Typ E. Alle Audi-Wagen besaßen zu Horchs Zeiten Vierzylinder-Motoren, was damit zusammenhängen mag, daß der einzige Sechszylinder, den Horch noch bei der Horch AG. gebaut hatte, zu einem Mißerfolg geriet und wesentlich zu dem Krach beitrug, der schließlich zur Trennung führte.

Alle Typen des anfänglichen Audi-Programms sind weitgehend nach dem gleichen Schema konzipiert, wobei es aus heutiger Sicht bemerkenswert erscheint, wie modern man schon damals in vieler Hinsicht dachte. Die vier Audi Vierzylinder-Motoren jener Zeit besitzen paarweise zusammengegossene Zylinder und ein Kurbelgehäuse aus Aluminiumguß. Dessen Unterteil bildet eine Wanne, die den Motorraum nach unten dicht abschließt und somit einen Blechschutz ebenso erübrigt wie eine gesonderte Ölwanne. Die wechselgesteuerten Ventile sind eingekapselt, aber mit wenigen Handgriffen freizulegen und schon deshalb leicht zugänglich, weil die Kühlwasserrohre in die Zylinder einbezogen sind. Zenith-Vergaser und Bosch-Magnetzündung (beziehungsweise Doppelzündung, also kombinierte Batterie- und Magnetzündung, bei den großen 18/45 und 22/55 PS-Typen) entsprechen dem damaligen technischen Stand. Der Kraftstoffbehälter hängt im hinteren Ende des Rahmens, wobei das Benzin mittels eines Auspuff-Druckventils zum Vergaser gepumpt wird.

Die Kraftübertragung erfolgt von einer Lederkonuskupplung über ein Kardangelenk auf das unter den Vordersitzen angeordnete Viergang-Getriebe und von dort über ein weiteres Kardangelenk auf das für Horch typische Stirn-

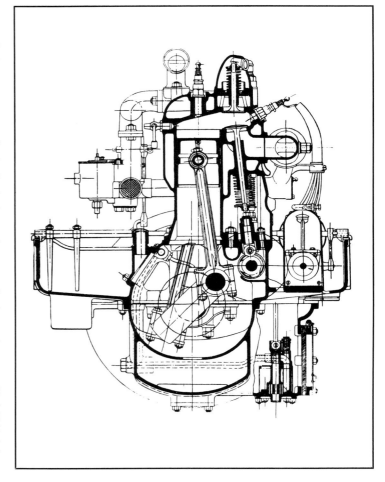

14/35 PS Audi Typ C »Alpensieger«. Mit diesem Wagen gewann August Horch mit seiner Mannschaft zweimal die Österreichische Alpenfahrt. Das Bild oben zeigt seine Freude nach der erfolgreichen Bewältigung des Katschberges bei der Alpenfahrt 1914. Später benutzte August Horch diesen Wagen für seine vielen Reisen während des Ersten Weltkrieges und überließ ihn dann dem Deutschen Museum (München), wo er seitdem zu den besonders attraktiven Schaustücken gehört.

rad-Differential der Hinterachse. Die Kulissenschaltung befindet sich zusammen mit dem Handbremshebel rechts außerhalb der Karosserie neben dem Fahrersitz.

Rückgrat des Wagens ist ein leicht durchgekröpfter U-Profil-Preßstahl-Rahmen. Die starren Achsen werden durch längsliegende Halbelliptikfedern geführt, die Hinterachse zusätzlich durch eine große, vorn am Getriebe angelagerte Dreieckstrebe. Der Wagen verfügt über zwei voneinander unabhängige Bremsen, wobei die Fußbremse auf eine hinter dem Getriebe angebrachte Bremsscheibe, die Handbremse mittels Gestänge auf die Hinterrad-Bremstrommeln wirkt. Auch das entsprach dem Stand der Technik, doch aus heutiger Sicht sind die Bremsen der damaligen Automobile ganz gewiß deren schwächstes Merkmal. Die Lenkung hingegen erschiene zwar selbst einem Lastwagenfahrer unserer Tage als unzumutbar schwergängig,

hat sich aber in ihrer Funktion mit Schraubenspindel und Mutter im Prinzip seither kaum geändert.

Eine Neukonstruktion bringt erst das Jahr 1914 mit dem für damalige Begriffe verhältnismäßig kleinen 8/22 PS Audi-Wagen Typ G. Bei dessen Motor sehen wir alle vier Zylinder zu einem Gußstück vereinigt, außerdem Kupplung und Getriebe mit dem Motor verblockt. Statt der Wechselsteuerung sind nun alle Ventile nebeneinander seitlich stehend angeordnet. Die Bremsen werden bei diesem Auto nicht mehr per Gestänge, sondern über Seilzüge betätigt. Der an sich gut verkäufliche Typ G kommt allerdings zunächst kaum zum Zug, weil wenige Monate nach seinem Erscheinen der Erste Weltkrieg beginnt.

Erfolgreichster Audi jener Periode bleibt der 14/35 PS Typ C, ein ebenso sportlicher wie robuster Tourenwagen, der

10/28 PS Audi Typ B
Sport-Zweisitzer 1913/14

10/28 PS Audi Typ B
Sport-Phaeton 1913/14

10/28 PS Audi Typ B
Droschken-Landaulet-Limousine 1913/1914

14/35 PS Audi Typ C
Abnehmbare Limousine 1913/14

18/45 PS Audi Typ D Luxus-Land-aulet-Limousine, geliefert 1913 an S.M. König Friedrich-August von Sachsen

22/55 PS Audi Typ E Luxus-Li-mousine in Sonderausführung 1913/14

1913 und 1914 die drei ersten Plätze der Österreichischen Alpenfahrt belegt, nachdem schon in den beiden Vorjahren Horchs Mannschaften mit dem 10/28 PS Audi in diesem damals wichtigsten Wettbewerb ebenso erfolgreich abgeschnitten hatten. Diese und andere Sporterfolge verhelfen der Marke Audi zu hohem Ansehen.

Die Typen B und C werden, allerdings nur in geringer Zahl, auch als leichte Lastwagen geliefert. Ferner gibt es den abgewandelten Typ E als Heeres-Lastwagen, doch bleiben hier die Stückzahlen ebenfalls unbedeutend.

Während des Ersten Weltkriegs muß die ohnehin nie sehr umfangreich gewesene Automobilproduktion der Zwikkauer Audi-Werke, Ende 1914 übrigens in eine Aktiengesellschaft umgewandelt, fast ganz eingestellt werden. Diese produzieren nunmehr hauptsächlich Granaten und Minenwerfer. August Horch selbst befindet sich nur noch

8/22 PS Audi Typ G
Phaeton 4 Sitze
1922

selten im Werk. Er gehört Rüstungskommissionen an, die sich mit der Motorisierung des Heeres befassen, und er kümmert sich um die Entwicklung deutscher Panzerwagen. Schließlich will er bei Audi den Flugmotorenbau aufnehmen, wozu es aber nicht mehr kommt.

1919, schon wenige Monate nach Kriegsende, bauen die Audi-Werke wieder Automobile. Zunächst läßt man die drei Vorkriegstypen 8/22 PS Typ G, 14/35 Typ C und 22/55 PS Typ E weiterlaufen. Karosseriemäßig zeigen sie sich ein wenig modernisiert. Der recht eigenartig geformte Spitzkühler war bei allen Typen (außer den Nutzfahrzeugen) allerdings schon im Laufe des Jahres 1914 eingeführt worden, ebenso übrigens auch als einziger technischer Fortschritt der elektrische Anlasser. (Aber auf die Andrehkurbel wird noch über ein Jahrzehnt lang keineswegs verzichtet, zumal deren Verwendung bei Kälte weiterhin oft sehr nützlich sein konnte.)

1920 wechselt August Horch vom Vorstand in den Aufsichtsrat der Audi-Werke, kümmert sich aber nur mehr wenig um die Firma. 1922 wird er in Anerkennung seiner Verdienste um die Entwicklung der deutschen Automobiltechnik von der Technischen Hochschule Braunschweig zum Ehrendoktor ernannt. Fortan betätigt er sich bei Verbänden und Wirtschaftsorganisationen in Berlin. Später, als die vier sächsischen Automobilfabriken Audi, DKW, Horch und Wanderer zur Auto Union AG. zusammengeschlossen werden, gewinnt August Horch als deren Aufsichtsratmitglied (ab Mai 1933) wieder Verbindung zu seinen beiden früheren Fabriken. Nach dem Zweiten Weltkrieg erlebt er noch den Wiederaufbau der neuen Auto Union GmbH. als deren Beiratsmitglied. Am 3. Februar 1951 starb Dr.-Ing. h. c. August Horch, 83 Jahre alt, in seiner oberfränkischen Wahlheimat Münchberg.

An dieser Stelle aber sei an einen Mann erinnert, ohne den das Lebenswerk von August Horch kaum denkbar wäre. Sein engster Mitarbeiter war der Oberingenieur Hermann Lange, den Horch ganz am Anfang seiner Laufbahn in Leipzig kennengelernt und dann zu sich geholt hatte, als er bei Benz in Mannheim Betriebsleiter war. Seitdem bleibt Hermann Lange stets an der Seite August Horchs. Dieser war nämlich seiner Natur nach keineswegs ein typischer Konstrukteur oder gar Erfinder, sondern eher ein Organisator. Er strebte nach technischem Fortschritt, indem er sich neue Ideen, die in jener Pionierzeit des Automobilbaus allenthalben auftauchten, zunutze machte. Oberingenieur Lange oblag es dann, die Visionen und oft genialen Vorhaben seines Chefs als produktionsreife und praxisgerechte Konstruktionen zu realisieren. Hermann Lange starb, bis zuletzt bei Audi tätig, im Februar 1922. August Horch überlebte ihn um fast 30 Jahre, aber ein Auto hat er ohne Lange nie mehr konstruiert oder gebaut. Man kann sagen: Wie Gottlieb Daimler ohne Wilhelm Maybach, wie Gustav Röhr ohne Joseph Dauben, so hätte es August Horch ohne Hermann Lange sicherlich nicht zu derart historischer Bedeutung gebracht.

14/35 PS Audi Typ C
Limousine 4 Türen
Karosserie Zschau

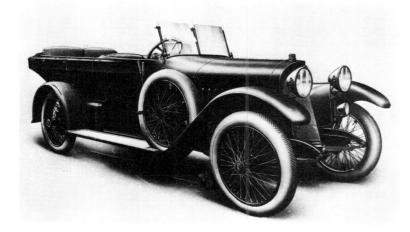

14/35 PS Audi Typ C
Phaeton 1921

14/35 PS Audi Typ C
Phaeton mit Aufsetz-Dach 1921

17

22/55 PS Audi Typ E Phaeton

22/55 PS Audi Typ E Limousine

18

	Audi 8/22 PS Typ G 1919–1924	Audi 14/35 PS Typ C 1919–1921	Audi 22/55 PS Typ E 1919–1924	
Motor	Audi	Audi	Audi	
Zylinderzahl	4 (Reihe)	4 (Reihe, paarweise)	4 (Reihe, paarweise)	
Bohrung×Hub	75×118 mm	90×140 mm	110×150 mm	
Hubraum	2084 ccm	3560 ccm	5699 ccm	
Leistung	22 PS bei 2200 U/min	35 PS bei 1800 U/min	55 PS bei 1750 U/min	
Verdichtung				
Vergaser	1 Steigstromvergaser Zenith 30	1 Steigstromvergaser Zenith 36 DEF	1 Steigstromvergaser Zenith 42 DEF	
Ventile	Stehend Seitliche Nockenwelle Antrieb durch Stirnräder	Einlaß hängend Auslaß stehend Seitliche Nockenwelle Antrieb durch Stirnräder	Einlaß hängend Auslaß stehend Seitliche Nockenwelle Antrieb durch Stirnräder	
Kurbelwellenlager	3	3	3	
Kühlung	Wasser/Thermosyphon	Wasser/Thermosyphon	Wasser/Thermosyphon	
Schmierung	Druckumlauf/Öl	Druckumlauf/Öl	Druckumlauf/Öl	
Zündung	Magnet	Magnet	Magnet	
Lichtmaschine				
Batterie				
Kraftübertragung	Antrieb auf Hinterräder	Antrieb auf Hinterräder	Antrieb auf Hinterräder	
Kupplung	Lederkonuskupplung	Lederkonuskupplung	Lederkonuskupplung	
Schaltung	Schalthebel außen rechts	Schalthebel außen rechts	Schalthebel außen rechts	
Getriebe	4 Gang	4 Gang	4 Gang	
Übersetzungen	I. 4,00	I. 4,00	I. 4,00	
	II. 2,70	II. 2,70	II. 2,62	
	III. 1,72	III. 1,72	III. 1,76	
	IV. 1,00	IV. 1,00	IV. 1,00	
Antriebs-Übersetzung	4,30 (13 : 58)	3,70 (14 : 52)	3,46 (16 : 52)	
Fahrwerk	U-Profil-Rahmen	U-Profil-Rahmen	U-Profil-Rahmen	
Vorderradaufhängung	Starrachse, Halbfedern	Starrachse, Halbfedern	Starrachse, Halbfedern	
Hinterradaufhängung	Starrachse, Halbfedern	Starrachse, Halbfedern	Starrachse, Halbfedern	
Lenkung	Spindel/Schraube	Spindel/Schraube	Spindel/Schraube	
Fußbremse	Seilzug, Kardanwelle	Gestänge, Kardanwelle	Gestänge, Kardanwelle	
Handbremse	Seilzug, Hinterräder	Gestänge, Hinterräder	Gestänge, Hinterräder	
Schmierung	Staufferbüchsen	Staufferbüchsen	Staufferbüchsen	
Allgemeine Daten	**Sport-Zweisitzer**	**Tourenwagen**	**Limousine**	
Radstand	2995 mm	3300 mm	3465 mm	
Spur vorn/hinten	1250 mm	1400 mm	1400 mm	
Gesamtmaße	4300×1650×1900 mm	4700×1780×2000 mm	4900×1800×2150 mm	
Räder	Rudge-Drahtspeichenräder oder Conti-Holzspeichenräder mit abnehmbaren Felgen	Rudge-Drahtspeichenräder oder Conti-Holzspeichenräder mit abnehmbaren Felgen	Rudge-Drahtspeichenräder oder Conti-Holzspeichenräder mit abnehmbaren Felgen	
Reifen	815×105 oder 820×120	880×120 oder 895×135	895 oder 935×135	
Wendekreis	12 Meter	14 Meter	15 Meter	
Fahrgestellgewicht	900 kg	1200 kg	1450 kg	
Wagengewicht	offen 1300 kg	offen 1750 kg	offen 2050 kg	
Zuläss. Gesamtgewicht	1630 kg	2150 kg	2650 kg	
Höchstgeschwindigkeit	70 km/h	80 km/h	90 km/h	
Verbrauch/100 km/h	12 Liter	16 Liter	21 Liter	
Kraftstofftank	50 oder 75 Liter	80 oder 100 Liter	100 oder 130 Liter	

Von 1923 bis etwa 1927 wurde der 22/55 PS Audi laufend in kleinen Serien als Mannschaftswagen an die Sächsische Staatspolizei geliefert. Dieser Streifenwagen für 11 Beamte hatte seitlichen Einstieg ohne Türen und war somit ein Vorgänger der Reichswehr-Kübelwagen. Der Radstand betrug 3600 mm, das Wagengewicht 2800 kg. Der Aufbau stammte von der Zwickauer Fahrzeugfabrik vorm. Schumann AG. Polizei-Fahrzeuge mit genau gleicher Karosserie wurden auch von der Firma Dux, später Presto und NAG-Presto, bezogen.

Lauter Luxus-Automobile und ein Kleinwagen-Experiment: Audi 1922–1932

Ende September 1921 fand in der neu erbauten Halle am Berliner Kaiserdamm die erste deutsche Automobil-Ausstellung nach dem verlorenen Kriege statt. Zwar hatte die Industrie fast durchweg schon 1919 die Produktion wieder aufgenommen, doch gebaut wurden nur technisch veraltete Vorkriegsmodelle. Die Ausstellung im Herbst 1921 leitete eine neue Epoche ein. Eine interessantere und an Neukonstruktionen reichere Auto-Schau hat es wohl in Deutschland weder früher noch später jemals gegeben. Kaum eine der unzählig vielen alten und neuen Marken, die es damals gab, versäumte es, zu diesem Anlaß ein neues Modell zu präsentieren. Es gab so viel zu sehen, daß nur ganz exquisite Schaustücke als Sensation galten, der riesige Maybach etwa oder das Rumpler Tropfen-Auto.

Der neue 14/50 PS Audi Typ K, der ebenfalls erstmalig der Öffentlichkeit vorgestellt wurde, zählte zweifellos nicht zu den großen Sensationen dieser ereignisreichen Schau, aber die Fachwelt würdigte ihn als einen der technisch fortschrittlichsten Wagen. Seine äußerlich eher unauffällige Erscheinung, sein recht alltägliches Aussehen ließen es nicht ohne weiteres erkennen, wieviele hochmoderne Merkmale unter dem Blech steckten und auch, wieso er verhältnismäßig recht teuer war.

Der 14/50 PS Audi Typ K trat die Nachfolge des bewährten 14/35 PS Audi Typ C an, dessen Motorabmessungen und dessen Fahrgestell er im wesentlichen übernahm. Er besaß dennoch einen völlig neuen Motor, bei dem alle vier Zylinder in einem Leichtmetallblock mit eingezogenen Laufbüchsen vereinigt waren, dazu hängende Ventile und abnehmbaren Zylinderkopf. Die Konuskupplung hatte man durch eine moderne Scheibenkupplung ersetzt und diese samt dem Getriebe mit dem Motor verblockt. Ferner sei auf die vom Motor angetriebene Reifen-Luftpumpe (mit Anschluß am Wechselgetriebe) hingewiesen. Beim offenen Tourenwagen, der damals gebräuchlichsten Karosserieform, kehrte Audi zum freiliegenden Verdeck zurück, nachdem das eingebaute Verdeck, das eine Zeitlang zur eleganten Mode gehörte, häufig Stockflecken bekam. Sei-

ner Zeit weit voraus war dieser Audi mit der Linkslenkung und der Mittelschaltung, die sich bei nahezu allen anderen Marken erst viele Jahre später durchsetzten. Aber der 14/50 PS Typ K verkaufte sich nur schleppend, seine Produktion lief bis etwa zur Jahresmitte 1925. Ende 1924 setzte die letzte Serie ein, kenntlich an den Vierradbremsen und am Flachkühler mit der »1« auf der Verschraubung.

Ursprünglich sollte der 14/50 PS Vierzylinder als Einheitstyp die Produktion der Audi-Werke rationeller machen, so wie es Hauptkonkurrent Horch mit dem ebenfalls neuen 10/35 PS-Wagen praktizierte. Die Audi-Werke aber, finanziell deutlich schwächer, wollten dann angesichts ihres schwer verkäuflichen Hauptprodukts kein mögliches anderes Geschäft ausschlagen, weshalb man die Fertigung des kleinen 8/22 PS Typ G und des großen 22/55 PS Typ E noch jahrelang weitertröpfeln ließ.

Nach dem Ausscheiden von August Horch und dem Tod von Oberingenieur Hermann Lange wurden 1922 Ernst Baus zum Generaldirektor und Ing. Heinrich Schuh zum Betriebsdirektor der Audi-Werke ernannt. Das Geschäft florierte in jenen Inflationsjahren wie allenthalben in der Automobilindustrie. Die wenigsten Leute aber begriffen, wie gründlich diese Scheinkonjunktur die volkswirtschaftliche Substanz aufzehrte.

Hochstimmung herrschte auch bei den Audi-Werken. So verwirklichten sie ein besonders ehrgeiziges Projekt. Steht doch auf der Berliner Automobil-Ausstellung im September 1923 ein riesiger Audi Sechszylinder, ein Super-Luxuswagen, so groß, so schwer, so teuer wie der Maybach. Es war der 18/70 PS Audi Typ M, der fertigbrachte, was dem Typ K zwei Jahre vorher versagt blieb: Er zählte zu den meistbestaunten Attraktionen der großen Berliner Schau. Aber nicht nur wegen seiner eindrucksvollen Dimensionen zog dieses Auto die Aufmerksamkeit auf sich, sondern ebenso wegen seiner hohen technischen und materialmäßigen Qualitäten. Dabei hatte Chefkonstrukteur Erich

Horn, der Schöpfer des Typ M, kaum an die Konkurrenz mit dem Maybach gedacht, dessen außergewöhnlicher Ruf sich sowieso erst später mit dem Zwölfzylinder Zeppelin festigte. Man hoffte bei Audi vielmehr, mit so gloriosen Auslandsmarken wie Hispano-Suiza oder Isotta-Fraschini rivalisieren zu können.

der Mitte, denn die Linkslenkung betrachtete man bei Audi schon damals als Selbstverständlichkeit. Seitlich am Getriebe hatte man einen kleinen Einzylinder-Kompressor als Reifenpumpe angebaut. Ein für die Begriffe jener Zeit außergewöhnlicher Fahrkomfort ergab sich aus dem hohen Gewicht des Wagens, den überaus reichlich bemessenen

14/50 PS Audi Typ K Sport-Phaeton (Karosserie Papler, Köln) mit Bootsanhänger

Die technischen Voraussetzungen hierzu hätten wohl genügt. Der starke, elastische und geräuscharme Sechszylinder-Motor unter der mächtigen, verschließbaren Haube sah allein schon höchst eindrucksvoll aus. Er war glatt und übersichtlich gestaltet, dazu fast ganz hochglanzpoliert oder vernickelt. Der Motorblock mit eingepreßten Laufbüchsen und abnehmbarem Zylinderkopf sowie das Kurbelgehäuse bestanden aus Leichtmetall. Die hängenden Ventile betätigte eine obenliegende, durch Königswelle angetriebene Nockenwelle, die wie die Kurbelwelle in 7 Lagern lief. Ölkühlung und Luftreiniger vor dem Vergaser waren weitere, für damals ungewöhnliche Merkmale. Mit der Rückkehr zum Flachkühler gab Audi die Mode des Spitzkühlers wieder auf. Das Vierganggetriebe war mit dem Motor verblockt, die Kugelschaltung befand sich in

Halbelliptikfedern und vor allem durch die hydraulischen Stoßdämpfer an der Hinterachse, einer damals noch seltenen Errungenschaft. Einen wichtigen Fortschritt bedeutete ferner die Einführung der Vierradbremse, die bei den ersten Wagen noch per Seilzug, bald aber schon hydraulisch betätigt wurde. Als ebenfalls noch seltenes Komfortmerkmal kam Ende 1926 die Zentralschmierung hinzu, bei welcher nach jeweils etwa 100 km alle 28 Schmierstellen des Chassis durch Niedertreten des hierfür bestimmten Pedals mit Schmieröl versorgt wurden. Die Karosserien der außergewöhnlich solid verarbeiteten Wagen stammten hauptsächlich von den Firmen Neuß, Papler und Gläser.

Dem Ehrgeiz, unter den deutschen Autos die Nummer Eins sein zu wollen, verliehen die Audi-Werke sogar sichtbaren

22

Ausdruck, indem sie ab Ende 1924 alle Wagen mit einer »1« als Kühlerfigur verzierten. Dieses Markenzeichen, verwendet bis 1940, war als beste Idee eines Wettbewerbs prämiert worden.

Stolz verkündete eine Pressemitteilung, als der Typ M erschien: »Die Audi-Werke zählen zu jenen deutschen Automobilfabriken, welche die Preisfrage hinter die konstruktive Aufgabe zurückstellen.« Mit solchem anspruchsvollen Grundsatz befand man sich freilich längst auf dem Holzweg. Der fabelhaft konstruierte, sorgfältig ausgestattete, leistungsfähige und schnelle, solide und dauerhafte Typ M ist viel zu teuer geworden. Sein Fahrgestell, 1924 noch mit 24 000 Mark angeboten, wurde bis 1927 bereits auf 15 000 Mark herabgesetzt. (Zum Vergleich: Das Fahrgestell des Maybach kostete 1924 ebenfalls 24 000 Mark, doch blieb dieser Preis bis in die dreißiger Jahre bestehen!)

Mit dem Ende der Inflation verdorrte schlagartig die Blüte der Scheinkonjunktur. 1925 mußten die Großaktionäre Leonhardt und Fikentscher zur Kasse gebeten werden. Die Audi-Belegschaft, die 1924 auf 873 angewachsen war, sank ein Jahr später auf 369, und 1927 waren es sogar nur noch 292 Beschäftigte. Eine schwierige Zeit, freilich im wesentlichen selbst verschuldet durch eine völlig verfehlte Typenpolitik.

1927 schwebt schon wieder der Pleitegeier über dem Unternehmen. Rasch versucht man, mit dem Typ R die Situation zu retten. Der sieht äußerlich dem Typ M zum Verwechseln ähnlich, ist aber mit seinem seitengesteuerten Achtzylinder-Motor, dem Dreigang-Getriebe und der einfacheren Grundausstattung wesentlich billiger als sein Vorgänger. Doch auch er findet bei weitem nicht den erhofften Anklang.

J. S. Rasmussen (1878–1964) hatte seine im ersten Weltkrieg gegründeten Zschopauer Motorenwerke AG. zur damals größten Motorradfabrik der Welt gemacht. Ihm gehörte mittlerweile ein ganzer Ring industrieller Unternehmen in Sachsen und in Berlin. Im Jahre 1928 übernahm er auch die Aktienmehrheit der schwer angeschlagenen Audi-Werke.

Bereits ein Jahr vorher hatte Rasmussen aus einer amerikanischen Konkursmasse die Baurechte und Produktionseinrichtungen für den Rickenbacker-Motor aufge-

kauft und in das Werk Scharfenstein seiner Zschopauer Motorenwerke verlegt. Er wollte mit diesen Sechs- und Achtzylinder „Rasmussen-Motoren" andere Automobilfabriken beliefern, fand aber keine Abnehmer. So brachte er wenigstens zwei neue Audi-Typen mit seinen Einbaumotoren auf den Markt, den Typ T („Dresden") und den Typ S bzw. SS („Zwickau"). Der erstere war viel zu teuer, der letztere verkaufte sich leidlich gut. Als Top-Modell bleibt der Typ R („Imperator") im Programm, der aber weiterhin kaum Käufer findet, wobei es übrigens keine überzeugende Erklärung dafür gibt, wieso die relativ kleine Marke Audi vier Jahre lang nebeneinander zwei völlig verschiedene 100 PS Achtzylinder Luxuswagen anbieten mochte. So arbeitete man auch unter Rasmussen weiterhin mit Verlust. 1931 beschäftigte Audi nur noch 140 Leute!

Um der Marke Audi etwas Auftrieb zu geben, läßt Rasmussen in den sonst völlig unveränderten DKW 4 = 8 Motoren von Peugeot einbauen. Er will auch solche Käufer bedienen, die kein Zweitakt-Kleinauto haben wollen. Doch dieser Audi Typ P, übrigens im DKW-Werk Berlin-Spandau hergestellt, wird auch kein Geschäft. Dennoch gewinnen die Audi-Werke unter Rasmussen wieder eine gesunde Produktionsbasis, und das kam so:

Im Oktober 1930 erschienen Rasmussen und Werksleiter Schuh im Konstruktionsbüro der Audi-Werke. Sie gaben den Auftrag, schnellstens einen Kleinwagen mit DKW-Motorradmotor, Vorderradantrieb und Querfeder-Radaufhängungen zu entwickeln. In spätestens 6 Wochen sollten nicht nur die Bauzeichnungen, sondern auch bereits drei Versuchswagen fertig sein! Dieses Zeitlimit wurde erstaunlicherweise auf den Tag genau eingehalten. Eine vergleichbare Leistung von nur einer Handvoll Leuten wäre unter heutigen Verhältnissen völlig unvorstellbar.

Die Versuchswagen liefen überraschend gut, weshalb Rasmussen sofort den Serienbau vorbereiten ließ und das kleine Auto, DKW Front genannt, auf der Berliner Automobil-Ausstellung Februar 1931 der Öffentlichkeit vorstellte. Der Verkaufserfolg dieses DKW Front übertraf bei weitem alle Erwartungen. Seine Serienproduktion oder, richtiger gesagt, seine Endmontage fand in den Audi-Werken statt, wobei die Motoren aus Zschopau und die Holzkarosserien aus Berlin-Spandau angeliefert wurden. Von nun an waren die Zwickauer Audi-Werke, formell übrigens nach wie vor ein selbständiges Unternehmen, gut und bald bestens ausgelastet.

		Audi 14/50 PS Typ K 1921–1925	Audi 18/70 PS Typ M 1923–1928	Audi 19/100 PS Typ R 1928–1929 Audi Imperator Typ R 1930–1932	
Motor		Audi	Audi	Audi	
Zylinderzahl		4 (Reihe)	6 (Reihe)	8 (Reihe)	
Bohrung×Hub		90×140 mm	90×122 mm	80×122 mm	
Hubraum		3560 ccm	4655 ccm	4872 ccm	
Leistung		50 PS bei 2200 U/min	70 PS bei 3000 U/min	100 PS bei 3300 U/min	
Verdichtung			1:5,2	1:5	
Vergaser		1 Steigstromvergaser Zenith 36 TD	1 Doppel-Steigstromvergaser Zenith 36 DK	1 Steigstromvergaser Zenith 45 KG oder Pallas SAD 5 u	
Ventile		Hängend Seitliche Nockenwelle Antrieb durch Stirnräder	Hängend Obenliegende Nockenwelle Antrieb durch Königswelle	Hängend Seitliche Nockenwelle Antrieb Dreifach-Rollenkette	
Kurbelwellenlager		3	7	5	
Kühlung		Wasser/Thermosyphon	Wasser/Pumpe	Pumpe, 23 Liter Wasser	
Schmierung		Druckumlauf/Öl	Druckumlauf/Öl	Druckumlauf, 15 Liter Öl	
Zündung		Magnet	Magnet	Magnet	
Batterie			12 V 2×60 Ah	12 V 2×60 Ah	
Anlasser			1,2 PS	1,2 PS	
Kraftübertragung		Antrieb auf Hinterräder	Antrieb auf Hinterräder	Antrieb auf Hinterräder	
Kupplung		Mehrscheibentrockenkupplung	Mehrscheibentrockenkupplung	Zweischeibentrockenkupplung	
Schaltung		Schalthebel Wagenmitte	Schalthebel Wagenmitte	Schalthebel Wagenmitte	
Getriebe		4 Gang	4 Gang	3 Gang	
Übersetzungen		I. 4,35	I. 4,00	I. 3,60	
		II. 2,72	II. 2,50	II. 1,75	
		III. 1,74	III. 1,60	III. 1,00	
		IV. 1,00	IV. 1,00		
Antriebs-Übersetzung		4,30 (13:58)	4,57	5,20	
Fahrwerk		U-Profil-Rahmen	U-Profil-Rahmen	U-Profil-Rahmen	
Vorderradaufhängung		Starr, Halbfedern	Starr, Halbfedern	Starr, Halbfedern	
Hinterradaufhängung		Starr, Underslung-Halbfedern	Starr, Underslung-Halbfedern	Starr, Underslung-Halbfedern	
Lenkung		Spindel/Schraube Lenkrad umklappbar	Spindel/Schraube Lenkrad umklappbar	Spindel/Schraube	
Fußbremse		Seilzug, Kardanwelle bzw. (ab Ende 1924) Seilzug, 4 Räder	Hydraulisch, 4 Räder	Hydraulisch, 4 Räder	
Handbremse		Seilzug, Hinterräder	Mechanisch, Hinterräder Ab Ende 1926: Zentral	Mechanisch, Hinterräder Zentral	
Schmierung		Staufferbüchsen			
Allgemeine Daten					
Radstand		3530 mm	3750 (bzw. ab 1927) 3850 mm	3620 mm	
Spur vorn/hinten		1450 mm	1450 mm	1450 mm	
Gesamtmaße			5000–5500×1850×2050 mm	5200×1800×2000 mm	
Räder		Holz- oder Drahtspeichen	Scheiben, Holz- oder Drahtspeichen	Holz- oder Drahtspeichen	
Reifen		895×135	Vorn 33×5 Hochdruck hinten 34×7,5 Niederdruck Ab 1927: 35×6,75 Niederdruck	32×6,75 Niederdruck	
Wendekreis		14 Meter		15 Meter	
Fahrgestellgewicht		1400 kg	1800 kg	1700 kg	
Wagengewicht		Tourenwagen offen 1900 kg	Pullman-Limousine 2500 kg	Pullman-Limousine 2300 kg	
Zuläss. Gesamtgewicht			3100 kg		
Höchstgeschwindigkeit		95 km/h	120 km/h	120 km/h	
Verbrauch/100 km		16 Liter	22 bis 25 Liter	23 bis 25 Liter	
Kraftstofftank		125 Liter	125 Liter	100 Liter	
Preise			Pullman-Limousine RM 22 300,– Pullman-Cabriolet RM 22 300,– Tourenwagen 6 Sitze RM 19 000,–	Pullman-Limousine RM 16 575,–	

Audi Dresden 15/75 PS Typ T 1931–1932	Audi Zwickau 18/80 PS Typ S 1929	Audi Zwickau 20/100 PS Typ SS 1929–1932	Audi 5/30 PS Typ P 1931–1932
Rasmussen (Rickenbacker)	Rasmussen (Rickenbacker)	Rasmussen (Rickenbacker)	Peugeot
6 (Reihe)	8 (Reihe)	8 (Reihe)	4 (Reihe)
82,55×120,65 mm	76,20×120,65 mm	82,55×120,65 mm	63×90 mm
3838 ccm	4371 ccm	5130 ccm	1122 ccm
75 PS bei 3200 U/min	80 PS bei 3000 U/min	100 PS bei 3000 U/min	30 PS bei 3200 U/min
1 : 5,5	1 : 5,5	1 : 5,5	1 : 5,6
1 Steigstromvergaser	1 Steigstromvergaser		1 Flachstromvergaser
Pallas SAD 4 u	Zenith 16 EW 42 mm oder Pallas SAD 5 u		Solex 26 FHR
Stehend	Stehend		Stehend
Seitliche Nockenwelle	Seitliche Nockenwelle		Seitliche Nockenwelle
Antrieb durch Zahnkette	Antrieb durch Zahnkette		
7	9		2
Pumpe, 23 Liter Wasser	Pumpe, 24 Liter Wasser		Wasser/Pumpe
Druckumlauf, 7 Liter Öl	Druckumlauf, 8 Liter Öl		Druckumlauf/Öl
Batterie	Batterie		Batterie
12 V 60 Ah	12 V 75 Ah		6 V
1,2 PS	2 PS		0,8 PS
Antrieb auf Hinterräder	Antrieb auf Hinterräder		Antrieb auf Hinterräder
Einscheibentrockenkupplung	Einscheibentrockenkupplung		Einscheibentrockenkupplung
Schalthebel Wagenmitte	Schalthebel Wagenmitte		Schalthebel Wagenmitte
4 Gang	4 Gang		3 Gang Prometheus
I. 3,494	I. 3,494		I. 3,50
II. 1,993	II. 1,993		II. 1,72
III. 1,278	III. 1,278		III. 1,00
IV. 1,000	IV. 1,000		
5,10	4,25		6,12
U-Profil-Rahmen	U-Profil-Rahmen		Selbsttragende Holzkarosserie
Starr, Halbfedern	Starr, Halbfedern		Starr, 1 Querfeder
Starr, Underslung-Halbfedern	Starr, Underslung-Halbfedern		Starr, 1 Querfeder
Schnecke	Schnecke		Schnecke
Hydraulisch, 4 Räder	Hydraulisch, 4 Räder		Hydraulisch, 4 Räder
Mechanisch, Kardanwelle	Mechanisch, Kardanwelle		Mechanisch, Kardanwelle
Zentral	Zentral		Nippel
3100 mm	3500 mm		2700 mm
1440/1480 mm	1440/1480 mm		1120/1170 mm
4480×1780×1760 mm	4965×1780×1870 mm		3680×1400×1650 mm
Scheiben oder Drahtspeichen	Scheiben oder Drahtspeichen		Scheiben
5,50–20 oder 15×50 Niederdruck	6,50–20		4,50–18
13,5 Meter	14 Meter		12 Meter
1350 kg	1650 kg		–
Limousine 1800 kg	Pullman-Limousine 2100 kg		Limousine 750 kg
2350 kg	2700 kg		1150 kg
100 km/h	110 km/h		80 km/h
18 Liter	22 Liter		8 Liter
85 Liter	100 Liter		30 Liter (im Motorraum)
Limousine 4 Türen	Pullman-Limousine		Limousine 2 Türen
RM 9 350,–	RM 12 950,–		RM 3 585,–

 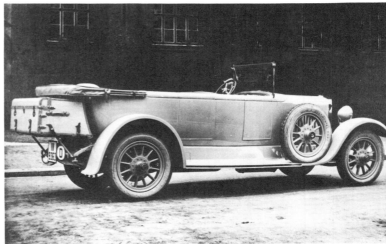

14/50 PS Audi Typ K Phaeton 1921–1924

14/50 PS Audi Typ K Allwetter-Cabriolet (Karosserie Gläser) 1923

14/50 PS Audi Typ K Sport-Phaeton 1923

14/50 PS Audi Typ K Jaray Stromlinien-Limousine Versuchswagen 1923

14/50 PS Audi Typ K
Pullmann-Limousine
Modell 1925

14/50 PS Audi Typ K
Phaeton
Modell 1925

14/50 PS Audi Typ K
Coupé-Cabriolet 6 Sitze
Modell 1925

27

**17/80 PS Audi Typ M
1923/24**

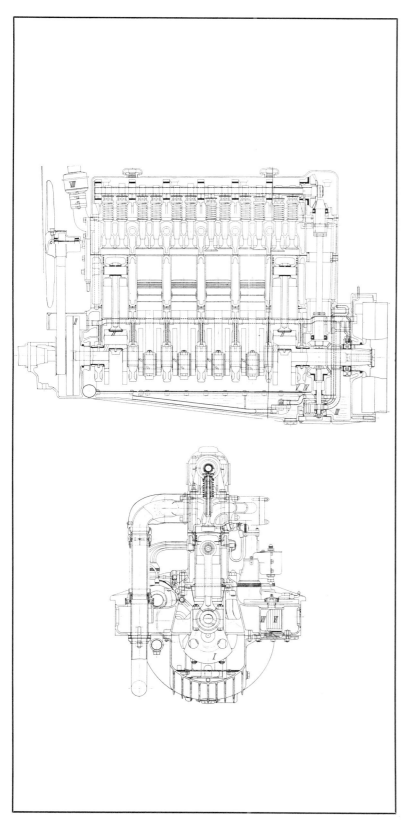

29

18/70 PS Audi Typ M Pullman-Landaulet (etwa 1926)

18/70 PS Audi Typ M Pullman-Landaulet 1928

18/70 PS Audi Typ M Pullman-Limousine (etwa 1927)

19/100 PS Audi Typ R
Pullman-Limousine
1928/29

19/100 PS Audi Typ R
Cabriolet 4 Türen
Karosserie Zschau
1928/1929

19/100 PS Audi Typ R
Pullman-Limousine
1929/1930

19/100 PS Audi Typ R
Phaeton 6 Sitze
1929/1930

19/100 PS Audi Typ R
Pullman-Cabriolet
1929/30

**Audi Imperator
19/100 PS
Pullman-Limousine
1931**

**Audi Imperator
19/100 PS
Sport-Cabriolet
Karosserie Neuss
1931/1932**

34

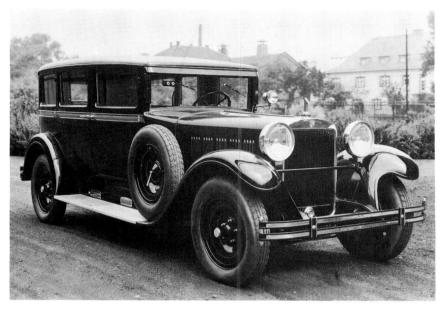

Audi Zwickau
18/80 PS Typ S
Pullman-Limousine
Karosserie Ambi-Budd
1929

Audi Zwickau
20/100 PS Typ SS
Pullman-Cabriolimousine
Karosserie Hornig, Meerane
1930
Besitzer:
Gert Frommater
Fuchshain (DDR)

Audi Zwickau
20/100 PS Typ SS
Roadster-Cabriolet
1929-1930

Audi Zwickau
20/100 PS Typ SS
Cabriolet 2 Türen
1929–1930

Audi Zwickau
20/100 PS Typ SS
Cabriolet 4 Türen
1929–1930

**Audi Zwickau
20/100 PS Typ SS
Pullman-Limousine
1931–1932**

**Audi Zwickau
20/100 PS Typ SS
Sport-Cabriolet
1931–1932**

**Audi Zwickau
20/100 PS Typ SS
Limousine 4 Türen
Karosserie Seegers
1931**

**Audi Zwickau
20/100 PS Typ SS
Roadster-Cabriolet
Karosserie Neuss
1931–1932**

**Audi Zwickau
20/100 PS Typ SS
Cabriolet 4 Türen
Karosserie Seegers
1931–1932**

Audi Dresden
15/75 PS Typ T
Limousine 2 Türen
Limousine 4 Türen
1931–1932

Audi Dresden
Sport-Cabriolet
Karosserie Gläser
1931–1932

Audi 5/30 PS
Typ P
Limousine 2 Türen
1931–1932

Einer von vier Ringen der Auto Union: Audi Front (1933–1938)

Im Jahr 1927 hatte J. S. Rasmussen wohl den Höhepunkt seiner unternehmerischen Erfolge erreicht. Doch mit dem Fehlschlag der Rickenbacker-Motorenproduktion und mit der Übernahme der Audi-Werke hatte sich Rasmussen zu viel aufgeladen. Er wurde ,,bankreif''. Zudem blieb natür-

lich auch er von der weltweiten Wirtschaftskrise nicht verschont, der Verkauf von Autos und Motorrädern ging rapid zurück. 1930 war auf Geheiß der Sächsischen Staatsbank Dr. Richard Bruhn (1886–1964) in den Vorstand der Zschopauer Motorenwerke berufen worden. Mit Energie,

aber auch mit rücksichtsloser Härte reorganisierte und sanierte er Rasmussens Privatkonzern. Doch neue Schwierigkeiten tauchten auf, als den Horch-Werken in Zwickau der Konkurs drohte. Die Sächsische Staatsbank veranlaßte Dr. Bruhn nun, die vier Automobilfabriken Audi, DKW, Horch und Wanderer zur Auto Union AG. zusammenzufassen. Dies geschah im Sommer 1932. J. S. Rasmussen wurde zum Technischen Vorstand des neuen Unternehmens bestellt, dann aber schon Ende 1934 in wohl etwas fragwürdiger Art zum Verlassen der Firma gezwungen. Erst ein Machtwort Hitlers verhalf ihm Jahre später zu einem angemessenen Ausgleich seiner Ansprüche.

Im Rahmen der Auto Union AG. lieferten die Audi-Werke weiterhin den kleinen DKW Fronttriebwagen. Hingegen wurde die unrentable Produktion der großen Luxuswagen aufgegeben, zumal diese jetzt unnötigerweise mit den Horch Achtzylindern konkurriert hätten.

Weil aber Audi als eigenständige Marke weiterbestehen sollte, hatte sich irgendjemand – war es Rasmussen oder wer sonst? – einen Mittelklassewagen besonderer Prägung einfallen lassen. Er zeichnete sich durch Frontantrieb aus, was damals als Beweis einer geradezu revolutionären Fortschrittlichkeit galt. Dabei hielt sich der Aufwand in bescheidenem Rahmen: Man übernahm den Antriebsblock und teilweise auch die Karosserien von Wanderer. Die Verkaufsbezeichnung des gut gelungenen, wenn auch etwas teueren Wagens lautete Audi Front, intern hieß er Typ UW, was Typ U mit Wanderer-Motor oder, nach einer anderen Deutung, „Umgekehrter Wanderer" hieß.

Vorstellung und Produktionsbeginn des neuen Wagens erfolgten im Februar 1933. Die rasch anwachsende DKW-Produktion beanspruchte allerdings bald die gesamte Kapazität des Audi-Werks, so daß der Audi Front ab April 1934 bei Horch gebaut bzw. montiert werden mußte. Seine Stückzahlen blieben ohnehin begrenzt, denn das war und blieb ein Auto für Liebhaber und Individualisten. Deshalb auch wurden von ihm weit mehr Cabriolets als Limousinen gekauft, was einzigartig unter den damaligen deutschen Marken blieb. Im April 1938 endete die Produktion des Audi Front, nachdem ihr durch Modellwechsel bei Wanderer die Grundlage entzogen war.

Audi Front 2 Liter
Typ UW
Sport-Limousine 4 Türen
Karosserie Ambi-Budd
Ausstellungswagen 1933

Audi Front 2 Liter
Typ UW
Sport-Cabriolet 4 Sitze
Karosserie Gläser
Ausstellungswagen 1933

◁ ◁
◁ ◁

Audi Front Prototyp 1932. Die Linienführung der Prototyp-Limou-
sine zeigt deutliche Anklänge an
den damaligen Mercedes-Benz
Typ 170. Das Prototyp-Cabriolet
(Karosserie Gläser) besaß einen
kürzeren Radstand als die Limousine. In der Linienführung entsprach es dem Stil der seinerzeiti-
gen Wanderer Cabriolets. Was
heute unvorstellbar wäre: Vorgestellt wurde der Audi Front im Februar 1933. Aber das Werk
schickte im Januar 1933 einen
damals bekannten Motorjournali-
sten in Begleitung eines Werkfah-
rers los, um außer Konkurrenz,
aber völlig ungetarnt und öffent-
lich, die Rallye Monte Carlo mitzu-
fahren, und zwar mit der Proto-
typ-Limousine, die in ihrer äußeren Erscheinung überhaupt nicht
der Serienausführung entsprach
und naturgemäß in vieler Bezie-
hung noch unfertig war. Ein Bild-
bericht hierüber erschien in einer
Autozeitschrift. Derart generöse
Unbefangenheit gibt es heute nir-
gends mehr!

Audi Front 2 Liter
Typ UW
Limousine 4 Türen
Karosserie Wanderer
Modell 1933

Audi Front 2 Liter
Typ UW
Cabriolet 4 Fenster
Karosserie Gläser
Modell 1934

Dieser wohl einmalige Audi Front Roadster, Baujahr 1933, war vermutlich ein Musterwagen, der nicht in Serie ging und verkauft wurde. Die Erstzulassung erfolgte in Zwickau. Dann wechselte der Audi mehrmals den Besitzer. 1964 gehörte er Herrn Nicolay Harksen (Flensburg-Mürwik), von dem die beiden oberen Bilder stammen. Die unteren Bilder zeigen den Roadster im heutigen gut hergerichteten Zustand. Er dient nun dem VW- und Audi-Händler Schmidt & Hoffmann (Kiel) für Werbungs- und Ausstellungszwecke.

Stromlinienspezialist Paul Jaray ließ 1934 bei einer Schweizer Karosseriewerkstatt diesen Musterwagen auf das Fahrgestell eines Audi Front bauen. Zunächst wurde der Stromlinien-Audi von ihm selbst sowie vom Freiherrn Koenig-Fachsenfeld auf Demonstrationsveranstaltungen hergezeigt. Ab 1938 bis in die 50er Jahre fuhr ihn Jaray als Privatwagen.

Für die 2000 km-Fahrt 1933 ließ die Auto Union drei gelb-grüne 8/40 PS Audi Stromlinien-Wagen herrichten. Die Fabrikmannschaft bestand aus folgenden Fahrern: Momberger/Schlegel, Loge/Süppel, Trübsbach/Dietz. Als Soll waren 74 km/h Schnitt festgesetzt. Die Mannschaft ging mit 80,3 km/h Schnitt 2 Stunden 18 Minuten vor Sollzeit durchs Ziel. Im Bild von links nach rechts: Trübsbach, Dietz, Süppel, Momberger.

Die Audi-Mannschaft vor dem Start zur 2000 km-Fahrt 1933.

Momberger auf Wagen Nr. 50.

Trübsbach (rechts) und Dietz mit dem Audi Front Sport-Coupé vor dem Start zur 2000 km-Fahrt 1933.

Bei der 2000 km-Fahrt 1934 fuhr für Audi keine Fabrikmannschaft, aber die drei vom Vorjahr vorhandenen Wagen wurden Privatfahrern überlassen. »Gold« errangen aber nur A. Hennig/H. Feierlein (München), hier auf dem Bild vor dem Start.

**Audi Front
Typ UW 225
Sport-Limousine 4 Türen
Karosserie Ambi-Budd
Modell 1935**

**Audi Front
Typ UW 225
Cabriolet 4 Fenster
Karosserie Gläser
Modell 1935**

**Audi Front
Typ UW 225
Limousine 4 Türen
Karosserie Wanderer
Modell 1935**

46

Audi Front
Typ UW 225
Sport-Cabriolet
Karosserie Gläser
Modell 1935

Auf der Berliner Automobil-Ausstellung im Februar 1935 gehörte der Audi Spezial-Roadster, vermutlich bei Horch gefertigt, zu den schönsten und meistbewunderten Automobilen. Aber er blieb ein Einzelstück und stand nie in den regulären Preislisten. Vermutlich wäre er einerseits zu teuer, andererseits zu wenig leistungsfähig gewesen. Immerhin diente dieser Audi offensichtlich als Vorbild für den Horch 855 Spezial-Roadster von 1938.

Zwei Jahre später wagte die Auto Union einen zweiten Versuch in dieser Richtung: Zur Berliner Automobil-Ausstellung im Februar 1937 erschien das Audi Spezial-Cabriolet mit Karosserie von Gläser. Auch dieser Wagen war ziemlich teuer, doch immerhin wurden 18 Stück davon gebaut und verkauft. Ein Exemplar blieb bis heute erhalten (Bild oben). Es gehört dem Museum des Volkswagenwerks, vermittelt aber trotz guten Zustands nicht mehr so recht den Eindruck seiner einstigen Schönheit.

**Audi Front
Typ UW 225
Sport-Cabriolet
Karosserie Gläser
1936–1937**

**Audi Front
Typ UW 225
Limousine 4 Türen
Karosserie Wanderer
1936–1938**

**Audi Front
Typ UW 225
Cabriolet 4 Fenster
Karosserie Gläser
1936–1938**

	Audi Front 2 Liter Typ UW 1933–1934	Audi Front 225 Typ UW 225 1935–1938	Audi 3,2 Liter Typ 920 1938–1940	
Motor	Wanderer	Wanderer	Horch	
Zylinderzahl	6 (Reihe)	6 (Reihe)	6 (Reihe)	
Bohrung×Hub	70×85 mm	71×95 mm	87×92 mm	
Hubraum	1950 ccm	2257 ccm	3281 ccm	
Leistung	40 PS bei 3500 U/min	50 PS bei 3300 U/min bzw. (ab 1937) 55 PS bei 3800 U/min	75 PS bei 3000 U/min	
Drehmoment			21 mkg	
Verdichtung	1:6	1:6,1 bzw. (ab 1937) 6,4	1:6	
Vergaser	1 Flachstromvergaser Solex 30 BFRV	1 Fallstromvergaser Solex 30 JFF	1 Steigstrom-Registervergaser Solex 35 MMOVS	
Ventile	Hängend Seitliche Nockenwelle Antrieb durch Stirnräder	Hängend Seitliche Nockenwelle Antrieb durch Stirnräder	Hängend Obenliegende Nockenwelle Antrieb durch Königswelle	
Kurbelwellenlager	7	7	8	
Kühlung	Pumpe, 14 Liter Wasser	Pumpe, 14 Liter Wasser	Pumpe, 18 Liter Wasser	
Schmierung	Druckumlauf, 8 Liter Öl	Druckumlauf, 8 Liter Öl	Druckumlauf, 8 Liter Öl	
Batterie	12 V 45 Ah (im Motorraum)	12 V 45 Ah (im Motorraum)	12 V 62,5 Ah	
Kraftübertragung	Frontantrieb. Motor-Getriebe-Block hinter Vorderachse		Antrieb auf Hinterräder	
Kupplung	Halbnasse Doppelscheibenkupplung		Einscheibentrockenkupplung	
Schaltung	Schaltstock an Armaturentafel		Schalthebel Wagenmitte	
Getriebe	4 Gang		4 Gang	
Synchronisierung	Ohne		III–IV	
Übersetzungen	I. 4,50		I. 3,89	
	II. 2,40		II. 2,165	
	III. 1,49		III. 1,49	
	IV. 1,00		IV. 1,00	
Antriebs-Übersetzung	5,25		3,80	
Fahrwerk	Zentralkastenrahmen		Kastenrahmen	
Vorderradaufhängung	Querlenker oben 1 Querfeder unten		Querlenker oben 1 Querfeder unten	
Hinterradaufhängung	Schwingarme, 1 Querfeder		starr, „Schwebeachse" 1 Querfeder oben	
Lenkung	ZF-Roß Schnecke		ZF-Roß Schnecke	
Fußbremse	Mechanisch, 4 Räder		Hydraulisch, 4 Räder	
Handbremse	Mechanisch, Hinterräder		Mechanisch, Hinterräder	
Schmierung	Zentral		Zentral	
Allgemeine Daten				
Radstand	3050 bzw. 3100 mm	3100 mm	3100 mm	
Spur vorn/hinten	1350/1350 mm	1350/1400 mm	1435/1465 mm	
Gesamtmaße	4375 (4500)×1650×1575 mm	4500×1650×1575 mm	4900×1720×1620 mm	
Räder	Scheiben	Scheiben	Scheiben	
Reifen	5,25–17	5,25–17	6,00–16	
Wendekreis	12,5 Meter	12,5 Meter	11,5 Meter	
Wagengewicht	Limousine 1275 kg Cabriolet 1300 kg	Limousine 1325 kg Cabriolet 1350 kg	Limousine 1640 kg Cabriolet 1665 kg	
Zuläss. Belastung	450 kg	450 kg	365 kg	
Höchstgeschwindigkeit	100 km/h	105 km/h	130 km/h	
Beschleunigung 0–100 km/h			30 sec	
Verbrauch/100 km/h	13 Liter	14 Liter	16 Liter	
Kraftstofftank	48 Liter (im Motorraum)	50 Liter (im Heck)	70 Liter (im Heck)	
Preise	Sport-Limousine 4 Türen (Radst. 3050 mm) RM 5 750,– Limousine 6 Fenster (Radst. 3100 mm) RM 5 900,– Sport-Cabriolet 2 Fenster (Radst. 3050 mm) RM 6 675,– Cabriolet 4 Fenster (Radst. 3100 mm) RM 6 875,–	Sport-Limousine 4 Türen (nur 1935) RM 5 750,– Limousine 6 Fenster (1935–1938) RM 5 900,– Sport-Cabriolet 2 Fenster (1935–1937) RM 6 675,– Cabriolet 4 Fenster (1935–1938) RM 6 875,– Spezial-Roadster (nur 1935) Spezial-Cabriolet 2/3 Sitze (nur 1937) RM 8 500,–	Limousine 6 Fenster RM 7 600,– Cabriolet 4 Fenster RM 8 750,–	

Umgetaufter Horch:
Audi 920 (1938–1940)

Nachdem es den Audi Front nicht mehr gab, sorgte die Auto Union AG. wiederum mit einem neuen Typ für den Fortbestand der Marke Audi. Die Horch-Werke hatten schon seit 1934 die Entwicklung eines 3,75 Liter Sechszylinder Reihenmotors geplant, der konstruktiv mit dem 5 Liter-Reihen-Achtzylinder weitgehend baugleich sein und kostengünstig auf dessen Fertigungsanlagen hergestellt werden sollte. Ursprünglich hatte man damit eine Verbilligung des „kleinen" Horch im Auge, wobei es freilich hätte passieren können, daß der Verzicht auf den V8-Motor den Markenruf beeinträchtigen würde. Vorsorglich entwikkelte man deshalb sowohl den Horch 920 mit Sechszylinder- als auch den Horch 930 mit V8-Motor zur Serienreife. Einerseits wegen der genannten Bedenken, andererseits auch im Hinblick auf den Wunsch, die Marke Audi weiterzuführen, gelangte man zu dem geradezu salomonischen Entschluß, den Sechszylinder Horch 920 als Audi 920 auf den Markt zu bringen. Um aber den preis- und größenmäßig notwendigen Unterschied herzustellen sowie die ziemlich weite Lücke zum Wanderer wirksam zu schließen, setzte man mittels eines kürzeren Kolbenwegs den Hubraum des Audi auf 3,2 Liter herab, und hob bereits vorher den Hubraum des Horch 930 V von 3,5 auf 3,8 Liter an. Die

Produktion des Audi 920 begann bei Horch im November 1938 und endete vorzeitig wegen des Kriegs im Jahre 1940. Es war ein in der Form und in der Technik hervorragend geglückter Wagen, für dessen Konstruktion Direktor Oskar Siebler gesorgt hatte. Man konnte hier aber auch sehen, wie weit inzwischen die konstruktions- und produktionstechnische Verflechtung der Konzernmarken fortgeschritten war. Dieser bei Horch konstruierte und montierte Audi besaß ein Fahrgestell von Wanderer, das seinerseits die einst bei DKW entwickelte Schwebeachse verwendete. Serienmäßig gab es für den Audi 920 nur zwei Karosserieausführungen, nämlich die von den Horch-Werken selbst hergestellte Limousine und das von der Firma Gläser angelieferte Cabriolet. Als Einzelexemplar ließ sich ein Privatkunde bei Erdmann & Rossi ein Sport-Cabriolet anfertigen. Ohne den Krieg wären sicherlich ab 1940 weitere Sonderkarosserien entstanden.

Die früheren Audi-Werke in Zwickau sind heute ein Teil der Sachsenring Automobilwerke, die den Zweitakt-Kleinwagen Trabant herstellen. Anders als beispielsweise mit Horch hatten die Automobilbauer der DDR nie versucht, die Marke Audi wiederaufleben zu lassen.

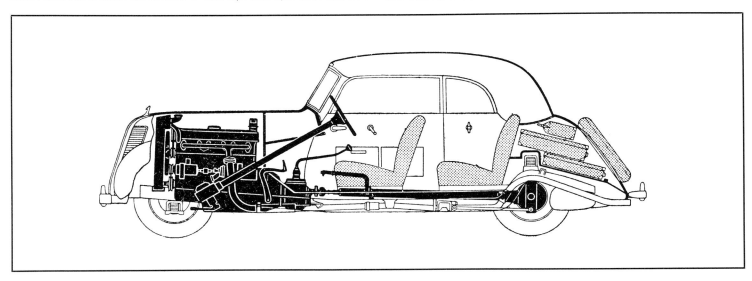

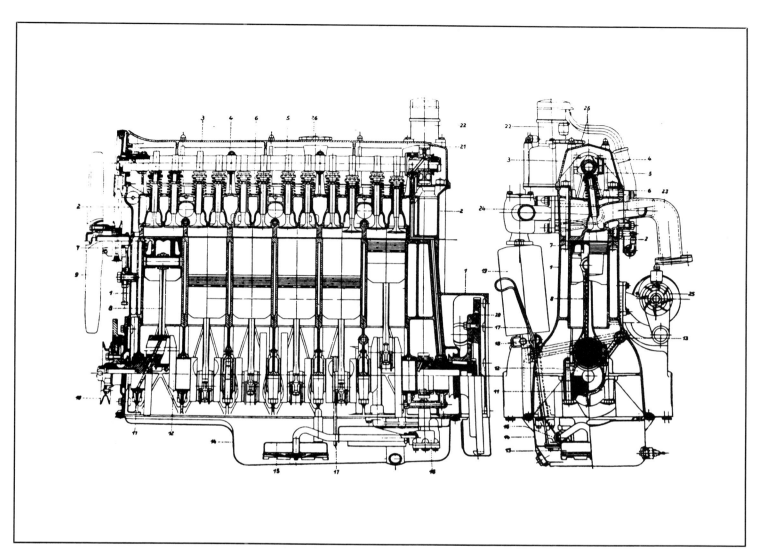

Audi 3,2 Liter
Typ 920
Limousine 4 Türen
Karosserie Horch
1938–1940

Audi 3,2 Liter
Typ 920
Cabriolet 4 Fenster
Karosserie Gläser
1938–1940

Audi 3,2 Liter
Typ 920
Sport-Cabriolet
Karosserie Erdmann & Rossi
Einzelanfertigung 1939

Produktion aller Audi Typen 1910–1940

Typ	Leistung	Jahre	Stück	Bemerkungen
Typ A	10/ 22 PS	1910–1912	140	
Typ B	10/ 28 PS	1911–1917	360	einschl. 10 Lieferwagen
Typ C	14/ 35 PS	1911–1928	1 450	davon 1116 Pkw
Typ D	18/ 45 PS	1911–1920	50	
Typ E	22/ 55 PS	1911–1924	350	einschl. 49 Lkw
Typ G	8/ 22 PS	1914–1926	1 122	
Typ K	14/ 50 PS	1921–1926	200	
Typ M	18/ 70 PS	1924–1928	230	
Typ R	19/100 PS	1927–1929	150	
Typ S, SS	20/100 PS	1929–1932	450	
Typ T	15/ 70 PS	1930–1932	76	
Typ P	5/ 30 PS	1931–1932	300	Produktion im DKW-Werk Berlin-Spandau
Typ UW	2 Liter	1932–1935	1 940	Audi-Produktion im März 1934 zu Horch verlegt
Typ UW 225	2,25 Liter	1935–1938	2 579	
Typ 920	3,2 Liter	1938–1940	1 282	
			10 679	

Produktion der Audi-Werke Zwickau Jährliche Stückzahlen 1921–1934

Jahr	Stück
1921	386
1922	322
1923	268
1924	309
1925	278
1926	116
1927	90
1928	111
1929	309
1930	227
1931	77
1932	22
1933	1 033
1934	222
	3 770

Auto Union / Audi Produktion

		bei Audi/Zwickau	bei Horch/Zwickau	
Typ UW	1932	5		Prototypen
	1933	1 033		
	1934	222	672	Produktion ab April 1934 bei Horch
	1935		8	
			1 940	
Typ UW 225	1935		792	
	1936		829	einschl. 3 Spezial-Cabriolets
	1937		802	einschl. 15 Spezial-Cabriolets
	1938		156	April 1938: Ende der Produktion
			2 579	
Typ 920	1938		35	Dezember 1938: Produktionsbeginn
	1939		1 085	
	1940		162	April 1940: Ende der Produktion
			1 282	

Audi Produktion
Aufgliederung nach Karosserien

Geschäftsjahr	Limousine 6 Fenster	Cabriolet 2 Fenster	Cabriolet 4 Fenster	Spezial-Cabriolet
1935/36	166	73	381	1
1936/37	194	75	436	17
1937/38	110	2	201	–
1938/39	356	–	580	–

Nach 25 Jahren Pause:
Audi 1965–1972

Nach 1945 wurden die in der damaligen Sowjetzone und heutigen DDR gelegenen Werke der Auto Union AG. entschädigungslos enteignet. Ein Zentraldepot in Ingolstadt, das die in den Westzonen laufenden Auto Union-Fahrzeuge mit Ersatzteilen versorgte, entwickelte sich zur Keimzelle einer neuen Auto Union, und zwar diesmal einer GmbH. Unter schwierigsten Umständen betrieben Dr. Richard Bruhn, Generaldirektor des früheren Konzerns, und Dr. Carl Hahn, seit 1922 enger Mitarbeiter des DKW-Gründers J. S. Rasmussen, den Aufbau des neuen Unternehmens. Schon 1949 wurden in Ingolstadt wieder DKW-Motorräder und ein moderner DKW-Lieferwagen produziert. Dazu fand sich bald in Düsseldorf eine frühere Kanonenfabrik der Rheinmetall-Borsig AG., wo ab August 1950 auch wieder die Herstellung der DKW-Personenwagen beginnen konnte. Die Marke DKW erlebte eine neue Blüte, die allerdings nicht sehr lange dauern sollte, denn die Zeit der Zweitakt-Automobile ging unaufhaltsam ihrem Ende entgegen. Anfang 1958 wurde die Auto Union GmbH., die inzwischen wieder 10000 Arbeiter und Angestellte zählte, auf Betreiben Friedrich Flicks von der Daimler-Benz AG. aufgekauft. Nun gab man die Herstellung des Transporters nach Spanien und den Motorradbau an die Zweirad-Union

ab, die Personenwagenproduktion faßte man 1961/62 in Ingolstadt zusammen, und im Werk Düsseldorf baut Daimler-Benz seitdem die eigenen kleineren Nutzfahrzeuge (»Düsseldorfer Transporter«). Im Herbst 1964 verkaufte Daimler-Benz die Auto Union GmbH. samt ihrem Werk Ingolstadt, aber ohne das Werk Düsseldorf, an die Volkswagenwerk AG. Das DKW-Geschäft war inzwischen katastrophal zurückgegangen. 25000 unverkaufte DKW-Wagen standen im Winter 1964/65 in Eis und Schnee auf weiten Fluren rund um Ingolstadt. Die neuen Herren aus Wolfsburg stellten die Fabrikation des letzten DKW-Modells, des DKW F 102, im Februar 1966 ein, nachdem sich der im September 1965 herausgebrachte Audi unvergleichlich leichter und vor allem gewinnbringend verkaufte.

Der Audi (werksintern F 103) basierte auf dem noch von Oskar Siebler konstruierten DKW F 102. Von diesem unterschied er sich durch einen völlig neuen, von Daimler-Benz eingebrachten Viertakt-Motor, ein anderes Gesicht mit Breitscheinwerfern und eine abgewandelte Heckpartie. Das hochverdichtete und relativ sparsame Triebwerk wurde als Mitteldruckmotor vorgestellt. Es sollte ur-

DKW F 102 Limousine 4 Türen 1965–1966

Audi Limousine 4 Türen 1965–1968

sprünglich einen Vielstoffmotor für ein geplantes Militärfahrzeug abgeben. In den ersten Audi-Jahren zeigten sich freilich etliche Mängel, so daß im Zuge notwendiger Eingriffe schließlich auch die Verdichtung wieder reduziert und die anspruchsvolle Bezeichnung nicht mehr verwendet wurde. Dipl.-Ing. Ludwig Kraus, ehedem bei Daimler-Benz Konstruktionsleiter für den Rennwagenbau und im Oktober 1963 von seiner Firma als Chefkonstrukteur nach Ingolstadt berufen, hatte den Audi-Motor zur Serienreife gebracht, nachdem er an dessen Entstehung schon bei Daimler-Benz maßgeblich beteiligt gewesen war. Im übrigen stellte der neue Audi ein typisches Gemeinschaftsprodukt dar. Der Motor stammte von Daimler-Benz, Karosserie und Fahrwerk von der Auto Union und die Produktionstechnik von VW. Zum letzten Punkt ist zu sagen, daß Rudolf Leiding es war, der den ziemlich verschlampten

Dezember 1966 lieferbare Audi Super 90 zur Seite gestellt. Letzterer zeichnete sich nicht nur durch hohe Leistung und reiche Ausstattung aus, sondern vor allem durch seine gepflegte Kultiviertheit. Ab September 1967 gab es das 72 PS-Modell mit normaler oder mit L-Ausstattung, wobei seitdem auch der Motor mit unveränderter Leistung auf Normalbenzin umgestellt wurde. Im Dezember 1968 ersetzte der Audi 75 sowohl den 72 PS Audi als auch den Audi 80.

Preise	Audi Li. 2 Türen				Audi Variant	
Sept. 1965	DM 7700,–				–	
Mai 1966	DM 7700,–				DM 8300,–	
	Audi 60 Li. 2 Türen	**Audi Li. 2 Türen**	**Audi L Li. 2 Türen**	**Audi 80 L Li. 2 Türen**	**Audi 80 Variant**	**Audi Super 90 Li. 2 Türen**
Sept. 1966	–	DM 7400,–	–	DM 7700,–	DM 8300,–	DM 8400,–
Sept. 1967	–	DM 7400,–	DM 7675,–	DM 7800,–	DM 8300,–	DM 8400,–
März 1968	DM 7000,–	DM 7400,–	DM 7675,–	DM 7800,–	DM 8300,–	DM 8400,–
	Audi 60 Li. 2 Türen	**Audi 60 L Li. 2 Türen**	**Audi 60 Variant**	**Audi 75 L Li. 2 Türen**	**Audi 75 Variant**	**Audi Super 90 Li. 2 Türen**
Dez. 1968	DM 7055,–	DM 7335,–	DM 7700,–	DM 7675,–	DM 8000,–	DM 8090,–
Dez. 1969	DM 7355,–	DM 7655,–	DM 8000,–	DM 8075,–	DM 8300,–	DM 8540,–
Dez. 1970	DM 8000,–	DM 8300,–	DM 8600,–	DM 8700,–	DM 8900,–	DM 9200,–
Aug. 1971	DM 8045,–	DM 8345,–	DM 8645,–	DM 8745,–	DM 8945,–	–

Limousine 4 Türen statt 2 Türen: + DM 300,–

Betrieb in Ingolstadt samt seiner frustrierten Arbeiterschaft binnen kurzer Zeit so in Schwung brachte, daß sowohl eine rationelle Produktion als auch saubere Qualitätsarbeit gewährleistet war.

Serienbeginn der Audi Zwei- und -Viertüren-Limousinen im September 1965, des Variant (Zweitüren-Kombi) im Mai 1966. Diese erste Audi-Modellreihe, werksintern F 103 genannt, erhielt keine offizielle Typenbezeichnung. (Gelegentlich konnte man vom Audi 70 oder Audi 72 lesen, doch das waren lediglich Behelfsnamen.) Trotz mancher Anfangsschwierigkeiten kam der Audi beim Publikum gut an, zumal er in bezug auf die Fahrleistungen, die Fahreigenschaften (außer Lenkung) und die Verarbeitung viel Lob erntete. Auf Anhieb war es gelungen, die reaktivierte Marke Audi, die es ja seit immerhin 25 Jahren nicht mehr gegeben hatte, der Kundschaft als Qualitätszeichen zu verkaufen.

Bereits im September 1966 wurden dem Audi ursprünglicher Ausführung der Audi 80 sowie als Topmodell der ab

Seit Februar 1968 gibt es, ursprünglich als Sparmodell gedacht, den Audi 60 mit 1,5 Liter-Motor und 55 PS Leistung (Export 60 PS) als Zwei- und Viertüren-Limousine. Im August 1968 folgt der Audi 60 L, im November 1968 der Audi 60 Variant. Der enorme Erfolg des Audi 60 zeigte, daß man nun bei jener Motorgröße angelangt war, welche die Kundschaft am besten zur äußeren Erscheinung des Wagens passend fand.

Ab August 1970 erhalten alle Audi 60, 75 und Super 90 Limousinen ein modernisiertes Heck mit viereckigen Rückleuchten und verdeckter Benzinkappe sowie eine anders gestaltete Armaturentafel.

Im August 1971 wird im Hinblick auf den inzwischen angebotenen Audi 100 die Produktion des Audi Super 90 eingestellt. Audi 60 und Audi 75 laufen bis Juli 1972. Insgesamt wurden von allen Ausführungen dieser Typenreihe 416 853 Wagen hergestellt, nämlich 216 988 Audi 60 Limousinen, 122 579 Audi 72, 75 und 80 PS-Limousinen, 49 794 Audi Super 90 und 27 492 Audi Variant.

Audi
Limousine 2 Türen
1965–1967

Audi
Limousine 4 Türen
1965–1967

Audi
Limousine 2 Türen
1967–1968

Audi 60
Limousine 4 Türen
1968–1970

Audi 75 Variant
Kombi 2 Türen
1969–1972

Audi 60 L
Limousine 4 Türen
1970–1972

Audi Super 90
Limousine 4 Türen
1970–1971

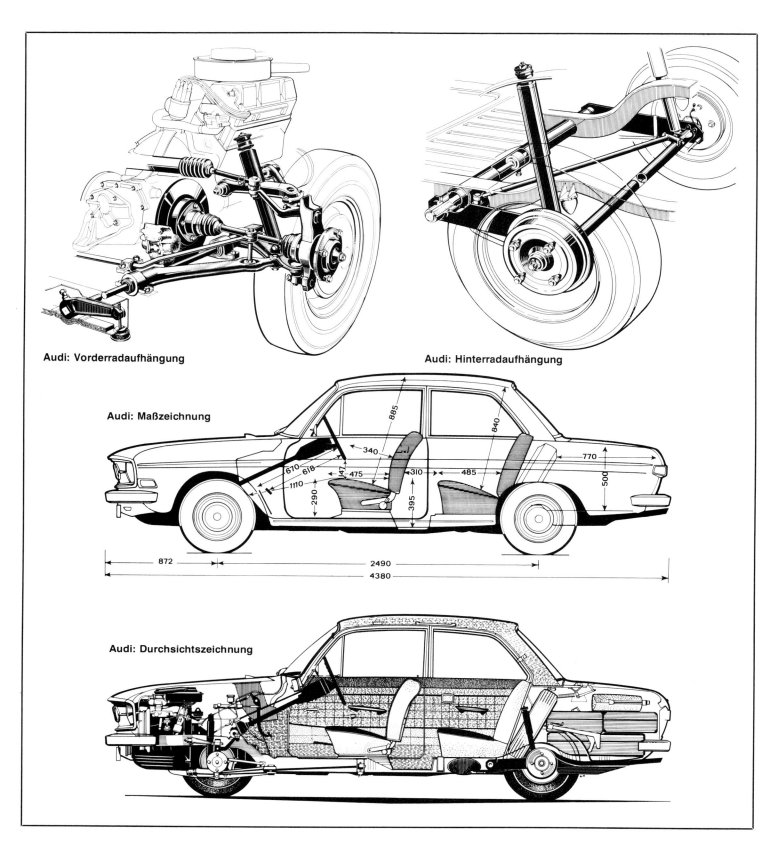

Audi: Vorderradaufhängung

Audi: Hinterradaufhängung

Audi: Maßzeichnung

Audi: Durchsichtszeichnung

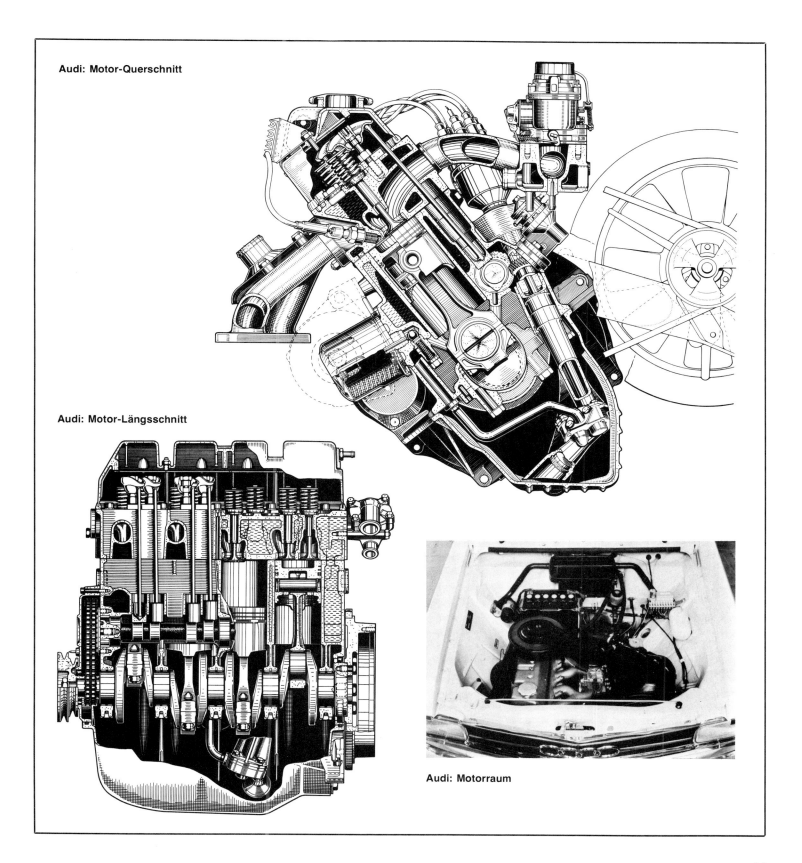

Audi: Motor-Querschnitt

Audi: Motor-Längsschnitt

Audi: Motorraum

	Audi (72 PS) 1965–1968 Audi L (72 PS) 1966–1968 Audi Variant (72 PS) 1966	Audi 80 L Audi 80 Variant 1966–1968
Motor	Vergasermotor	Vergasermotor
Zylinderzahl	4 (Reihe)	4 (Reihe)
	Block um 40° rechts seitlich geneigt	Block um 40° rechts seitlich geneigt
Bohrung x Hub	80 x 84,4 mm	80 x 84,4 mm
Hubraum	1696 ccm	1696 ccm
Leistung	72 PS bei 5000 U/min	80 PS bei 5000 U/min
Drehmoment	13,0 mkg bei 2800 U/min	13,5 mkg bei 3000 U/min
Verdichtung	1 : 11,2 bzw. (ab Sept. 1967) 1 : 9,1	1:11,0
Vergaser	1965: 1 Fallstromvergaser Solex 38 PDSI-1 Ab Jan. 1966: 34 PDSIT-1 mit Startautomatik Ab März 1966: 35 PDSIT-5 mit Startautomatik	1 Fallstromvergaser Solex 35 PDSIT-5 mit Startautomatik
Ventile	Hängend. Stoßstangen und Kipphebel. Seitliche Nockenwelle. Antrieb Duplexkette	
Kurbelwellenlager	5	
Kühlung	Pumpe, 7,5 Liter Wasser	
Schmierung	Druckumlauf, 4 Liter Öl	
Batterie	12 V 55 Ah (im Motorraum)	
Lichtmaschine	Drehstrom 35 A (490 W)	
Kraftübertragung	Frontantrieb. Motor vor, Getriebe hinter der Vorderachse	
Kupplung	Einscheibentrockenkupplung	
Schaltung	Lenkradschaltung	
Getriebe	4 Gang	
Synchronisierung	I–IV	
Übersetzungen	I. 3,40, II. 1,944, III. 1,32, IV. 0,966	
Antriebs-Übersetzung	3,888 (35 :9)	
Fahrwerk	Selbsttragende Ganzstahlkarosserie	
Vorderradaufhängung	Doppel-Querlenker, Federstäbe längs, Querstabilisator	
Hinterradaufhängung	Rohr-Starrachse (selbststabilisierend), Längslenker, Federstab quer, Panhardstab	
Lenkung	Zahnstange (20,0 :1), 5 Lenkraddrehungen	
Fußbremse	Hydraulik. Ab Sept. 1967 bei Audi L, Audi 80 L und Audi Variant Zweikreis-Hydraulik und auf Wunsch Servohilfe Scheibenbremsen vorn 280 mm ∅ (innen am Differential) Trommelbremsen hinten 200 mm ∅	
Handbremse	Mechanisch (Seilzug) auf Hinterräder	
Allgemeine Daten		
Radstand	2490 mm	2490 mm
Spur	1335/1326 mm, Variant 1343/1326 mm	1335/1326 mm, Variant 1343/1326 mm
Gesamtmaße	4380 x 1626 x 1451 (Variant 1456) mm	4380 x 1626 x 1451 (Variant 1456) mm
Felgen	4¹/₂ J x 13	4¹/₂ J x 13
Reifen	6,45/165-13 (4 PR, Variant 6 PR) Ab 1966 auf Wunsch: 6,45/165 SR 13	6,45/165-13 (4 PR, Variant 6 PR) Auf Wunsch: 6,45/165 SR 13
Wendekreis links/rechts	11,3 Meter	11,3 Meter
Wagengewicht	Limousine 2 Türen 980 kg, 4 Türen 1025 kg Variant 1070 kg Schiebedach + 15 kg	Limousine 2 Türen 980 kg, 4 Türen 1025 kg Variant 1070 kg Schiebedach + 15 kg
Zuläss. Gesamtgewicht	Limousine 2 Türen 1430 kg, 4 Türen 1475 kg Variant 1615 kg	Limousine 2 Türen 1430 kg, 4 Türen 1475 kg Variant 1615 kg
Höchstgeschwindigkeit	148 km/h	152 km/h
Beschleunigung 0–100 km/h	16, Variant 16,5 sec	14, Variant 14,5 sec
Verbrauch/100 km	Verd. 1:11,2: 10,5, Variant 11 Liter Super Verd. 1: 9,1: 11, Variant 11,5 Liter N	11, Variant 11,5 Liter Super
Kraftstofftank	53 Liter (im Heck)	53 Liter (im Heck)

Audi 60 (L) Audi 60 Variant 1968–1972	Audi 75 L Audi 75 Variant 1968–1972	Audi Super 90 1966–1971	
Vergasermotor 4 (Reihe) Block um 40° rechts seitlich geneigt 80 x 74,4 mm 1496 ccm 55 PS bei 4750 U/min 11,5 mkg bei 2500 U/min 1:9,1 1 Fallstromvergaser Solex 35 PDSIT-5 mit Startautomatik	Vergasermotor 4 (Reihe) Block um 40° rechts seitlich geneigt 80 x 84,4 mm 1696 ccm 75 PS bei 5000 U/min 13,0 mkg bei 3000 U/min 1:9,1 1 Fallstromvergaser Solex 35 PDSIT-5 mit Startautomatik	Vergasermotor 4 (Reihe) Block um 40° rechts seitlich geneigt 81,5 x 84,4 mm 1770 ccm 90 PS bei 5200 U/min 15,0 mkg bei 3000 U/min 1:10,6 1 Register-Fallstromvergaser Solex 32/32 DIDTA mit Startautomatik	

Hängend. Stoßstangen und Kipphebel. Seitliche Nockenwelle. Antrieb Duplexkette
5
Pumpe, 7,5 Liter Wasser
Druckumlauf, 4 Liter Öl

12 V 45 Ah (im Motorraum)	12 V 55 Ah (im Motorraum) Drehstrom 35 A (490 W)	12 V 55 Ah (im Motorraum)	

Frontantrieb. Motor vor, Getriebe hinter der Vorderachse
Einscheibentrockenkupplung
Lenkradschaltung. Ab Okt. 1969 auf Wunsch: Schaltstock Wagenmitte
4 Gang
I–IV
I. 3,40, II. 1,944, III. 1,32, IV. 0,966 (Super 90: 0,933)

4,111 (37 : 9)	3,888 (35 : 9)	3,888 (35 : 9)	

Selbsttragende Ganzstahlkarosserie
Doppel-Querlenker, Federstäbe längs, Querstabilisator
Rohr-Starrachse (selbststabilisierend), Längslenker, Federstab quer, Panhardstab
Zahnstange (20,0 : 1), 4 Lenkraddrehungen

Audi 60 (Variant): Hydraulik. 60 L: Zweikreis-Hydraulik, a. W. Servohilfe	Zweikreis-Hydraulik Auf Wunsch: Servohilfe	Zweikreis-Hydraulik Ab Mai 1967 auf Wunsch: Servohilfe	

Scheibenbremsen vorn 280 mm ⌀ (innen am Differential)
Trommelbremsen hinten 200 mm ⌀
Mechanisch (Seilzug) auf Hinterräder

2490 mm 1335/1326 mm, Variant 1343/1326 mm 4380 x 1626 x 1451 (Variant 1456) mm 4¹/₂ J x 13 Audi 60: 6,15/155-13 (4 PR) Audi 60 L: 6,45/165-13 (4 PR) Audi 60 Variant: 6,45/165-13 (6 PR) Auf Wunsch: 6,45/165 SR 13 11,3 Meter Audi 60: 2 Türen 960, 4 Türen 1005 kg Audi 60 L: 2 Türen 980, 4 Türen 1025 kg Audi 60 Variant: 1070 kg Schiebedach + 15 kg Lim. 2 Türen 1395, 4 Türen 1420 kg Variant 1615 kg 137 km/h 18 sec 10, Variant 10,5 Liter N 55 Liter (im Heck)	2490 mm 1335/1326 mm, Variant 1343/1326 mm 4380 x 1626 x 1451 (Variant 1456) mm 4¹/₂ J x 13 Audi 75 L: 6,45/165-13 (4 PR) Audi 75 Variant: 6,45/165-13 (6 PR) Auf Wunsch: 6,45/165 SR 13 11,3 Meter Lim. 2 Türen 1010, 4 Türen 1055 kg Variant 1100 kg Schiebedach + 15 kg 1430 kg Variant 1615 kg 150 km/h 15 sec 11,5, Variant 12 Liter N 55 Liter (im Heck)	2490 mm 1335/1326 mm 4380 x 1626 x 1451 mm 4¹/₂ J x 13 6,45/165 S 13 Auf Wunsch: 6,45/165 SR 13 11,3 Meter Lim. 2 Türen 1020, 4 Türen 1065 kg Schiebedach + 15 kg 1430 kg 163 km/h 13 sec 12 Liter Super 53 Liter (im Heck) Ab Sept. 1968: 55 Liter (im Heck)	

AUDI

Markenruf gefestigt:
Audi 100 (1968–1976)

Beim Audi 100 gingen nicht nur die Motoren, welche, allerdings modifiziert, von den Vorgängermodellen übernommen wurden, auf Vorarbeiten der Daimler-Benz AG. zurück. Auch das Berechnungssystem fur die Karosserie, deren Struktur erstmalig mittels Computer ermittelt war, stammte von Mercedes.

Bei weitem übertraf der Verkaufserfolg des Audi 100 die Erwartungen. Ebenso konservative wie repräsentative Eleganz der Karosserie erweckte Sympathie, zumal sie Ähnlichkeit mit dem damaligen Mercedes-Stil verriet. Außerdem lag der Audi 100 verkaufsmäßig richtig, weil es seit langem keinen Mercedes dieser Größenordnung gibt. Daß die Motoren des Audi 100 ziemlich laut und rauh liefen, vermochte deutsche Käufer, die ja großenteils vom VW-Käfer kamen und zum Mercedes-Diesel strebten, kaum zu stören.

Ende November 1968 wurde der Audi 100 vorgestellt, als die Produktion der Viertüren-Limousine begann. 1,8 Liter-Motor vom früheren Audi Super 90 abgeleitet, wahlweise mit 80, 90 oder 100 PS lieferbar. Erst im Oktober 1969 folgte die Zweitüren-Limousine, ein weiteres Jahr später das bereits im September 1969 vorgestellte Coupé. Letzteres besaß aufgebohrten Motor mit 115 PS Leistung. Linienführung erschien beim Coupé nicht ebenso harmonisch und ausgewogen wie bei den Limousinen. Dabei war es beträchtlich teurer und überdies wirkte die Zweitüren-Limousine bereits wie ein elegantes Coupé. April 1970: Audi 100 mit VW-Automatic lieferbar, Aufpreis 1200 DM.

Im März 1969 wurden die Auto Union (Ingolstadt) und die NSU-Motorenwerke (Neckarsulm) zur Audi NSU Auto Union AG. vereinigt, die damit 28000 Mitarbeiter zählt. Das Automobilprogramm von NSU, ohnehin nicht mehr sehr

Preise	Audi 100 Li. 4 Türen	Audi 100 LS Li. 2 Türen	Audi 100 LS Li. 4 Türen	Audi 100 GL Li. 4 Türen	Audi 100 Coupé S
Dez. 1968	DM 8900,–	–	DM 9600,–	–	–
Dez. 1969	DM 9600,–	DM 10300,–	DM 10300,–	–	–
Okt. 1970	DM 9600,–	DM 10300,–	DM 10300,–	–	DM 14400,–
Aug. 1971	DM 10320,–	DM 10920,–	DM 10920,–	DM 11720,–	DM 14400,–
Jan. 1972	DM 10950,–	DM 11200,–	DM 11550,–	DM 12350,–	DM 14700,–
Febr. 1973	DM 11365,–	DM 11675,–	DM 12050,–	DM 12900,–	DM 15000,–
Aug. 1973	DM 11425,–	DM 11735,–	DM 12110,–	DM 13075,–	DM 15090,–
März 1974	DM 12100,–	DM 12450,–	DM 12850,–	DM 13840,–	DM 16000,–
Audi 100 L Li. 4 Türen					
Jan. 1975	DM 13150,–	DM 13560,–	DM 14000,–	DM 15100,–	DM 17420,–
April 1975	DM 13980,–	DM 14380,–	DM 14860,–	DM 16010,–	DM 18300,–
März 1976	DM 14850,–	DM 15075,–	DM 15615,–	DM 16980,–	DM 19365,–

Audi 100 LS Limousine 4 Türen 1968–1973

attraktiv, wird Zug um Zug aufgegeben, was freilich zu wachsender Unruhe unter der Neckarsulmer Arbeiterschaft führt. Ruhe kehrt wieder ein, nachdem feststeht, daß die Produktion des Audi 100 von Ingolstadt nach Neckarsulm verlegt und daß ferner der Porsche 924 in Neckarsulm gebaut wird.

Ab September 1971 gibt es den 1,8 Liter-Motor nur noch mit 85 PS für Normal- und mit 100 PS für Superbenzin. Neu hinzu kommt der Audi 100 GL mit dem größeren Motor aus dem Coupé, der nunmehr bei geringfügig reduzierter Leistung ebenfalls mit Automatic kombiniert werden kann. Alle Modelle endlich mit Servolenkung lieferbar, Aufpreis 725 DM.

September 1973: Frontpartie (kleinerer Grill ähnlich Audi 80) und Rückseite etwas geändert, was beides jedoch

kaum auffällt. An der Hinterachse wurde der Federstab durch Schraubenfedern ersetzt.

Oktober 1974: Audi 100 wird zum Audi 100 L und erhält einen vom Audi 80 abgeleiteten 1,6 Liter 85 PS OHC-Motor, der zwar gleiche Leistung, aber weniger Drehmoment bietet und außerdem nicht die Ausstattung mit Servolenkung erlaubt. Bei allen Audi 100 jetzt vordere Scheibenbremsen weg vom Differential, wo sie verölen konnten, an die Vorderräder verlegt.

September 1975: Audi 100 LS, GL und Coupé S erhalten umschäumtes Lenkrad.

August 1976: Produktion der gesamten Modellreihe eingestellt. Seit Ende 1968 wurden insgesamt 827 474 Audi 100 hergestellt, darunter etwa 30 000 Coupé S.

Audi 100
Audi 100 S
Limousine 4 Türen
1968–1973

Audi 100 GL
Limousine 2 Türen
1971–1973

Audi 100 LS
Sport-Cabriolet 2/2 Sitze
Karosserie Deutsch (Köln)
1970

Audi 100 Coupé S
Coupé 4 Sitze
1970–1973

Audi 100 GL
Limousine 4 Türen
1971–1973

Audi 100 LS
Limousine 4 Türen
1973–1974

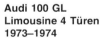

Audi 100 L
Limousine 4 Türen
1974–1976

Audi 100 GL
Limousine 4 Türen
1974–1976

Audi 100 GL
Limousine 4 Türen
1973–1974

Audi 100 Coupé S
Coupé 4 Sitze
1973–1976

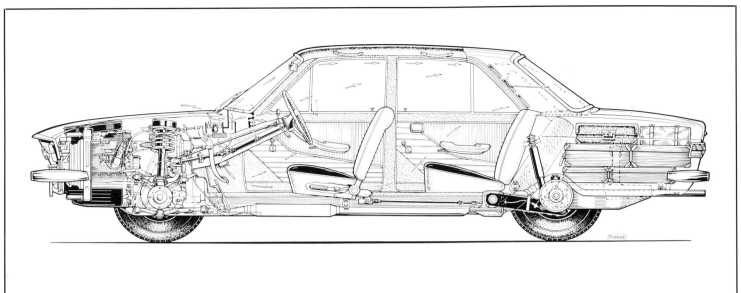

Audi 100 LS: Längsschnitt

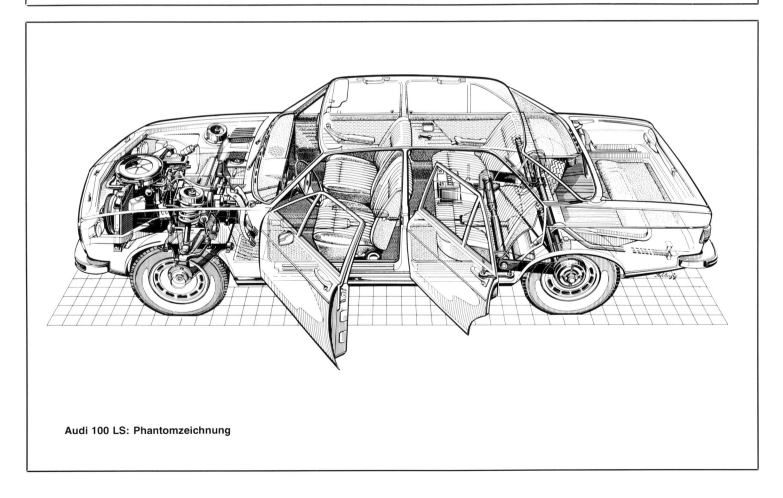

Audi 100 LS: Phantomzeichnung

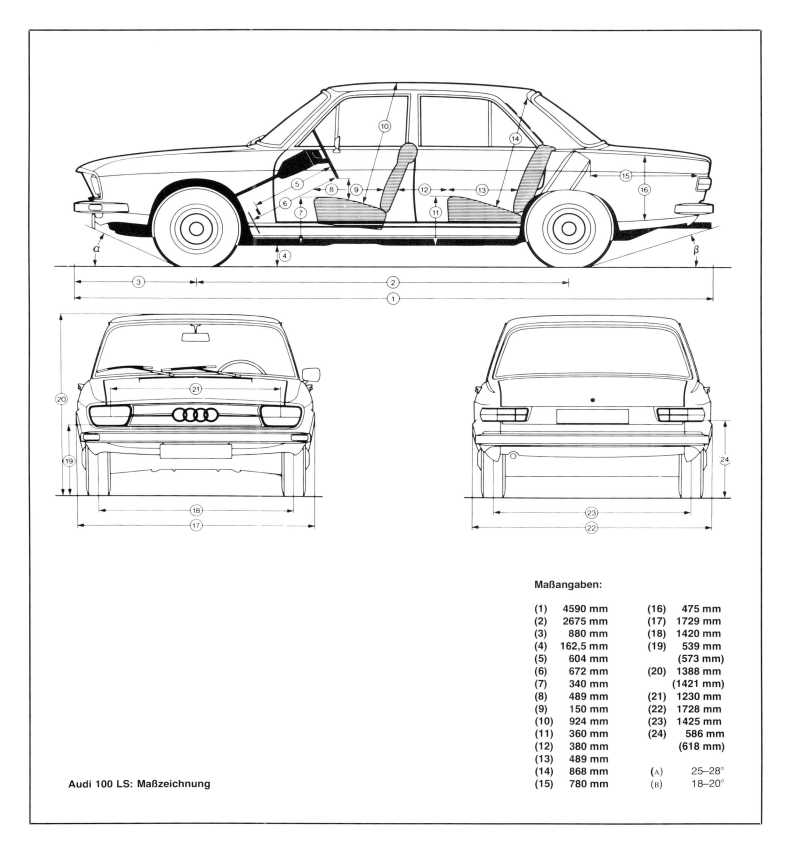

Maßangaben:

(1)	4590 mm	(16)	475 mm
(2)	2675 mm	(17)	1729 mm
(3)	880 mm	(18)	1420 mm
(4)	162,5 mm	(19)	539 mm
(5)	604 mm		(573 mm)
(6)	672 mm	(20)	1388 mm
(7)	340 mm		(1421 mm)
(8)	489 mm	(21)	1230 mm
(9)	150 mm	(22)	1728 mm
(10)	924 mm	(23)	1425 mm
(11)	360 mm	(24)	586 mm
(12)	380 mm		(618 mm)
(13)	489 mm		
(14)	868 mm	(A)	25–28°
(15)	780 mm	(B)	18–20°

Audi 100 LS: Maßzeichnung

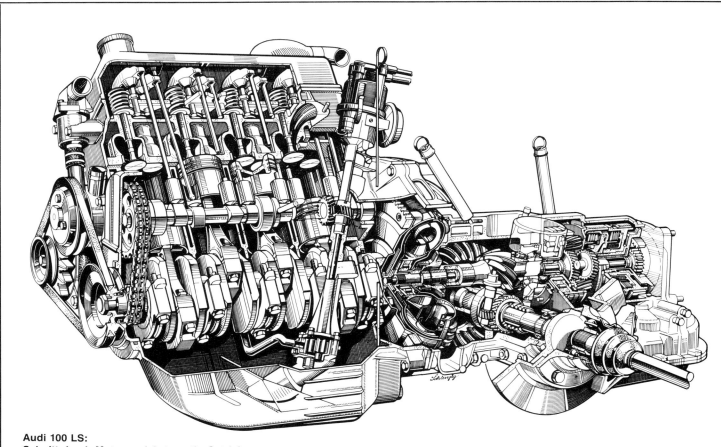

Audi 100 LS:
Schnitt durch Motor und Automatic-Getriebe

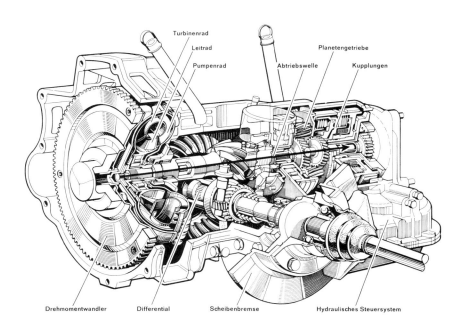

Turbinenrad
Leitrad
Pumpenrad
Planetengetriebe
Abtriebswelle
Kupplungen

Audi 100 LS:
Schnitt durch Automatic-Getriebe

Drehmomentwandler   Differential   Scheibenbremse   Hydraulisches Steuersystem

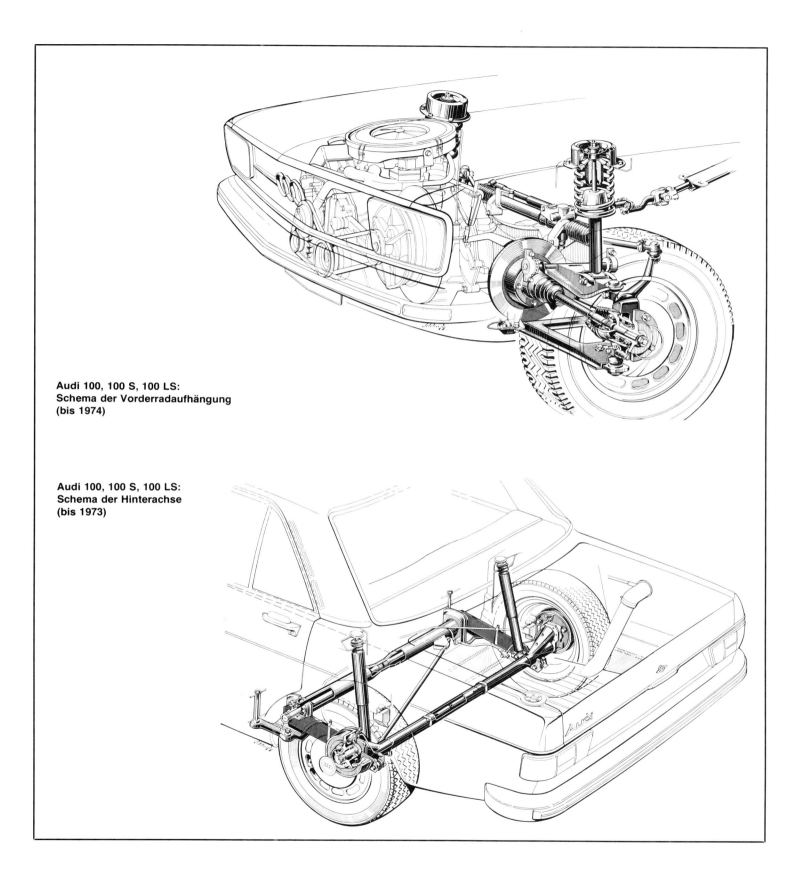

Audi 100, 100 S, 100 LS:
Schema der Vorderradaufhängung
(bis 1974)

Audi 100, 100 S, 100 LS:
Schema der Hinterachse
(bis 1973)

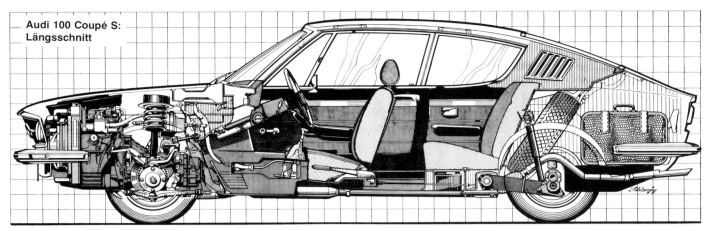

Audi 100 Coupé S:
Längsschnitt

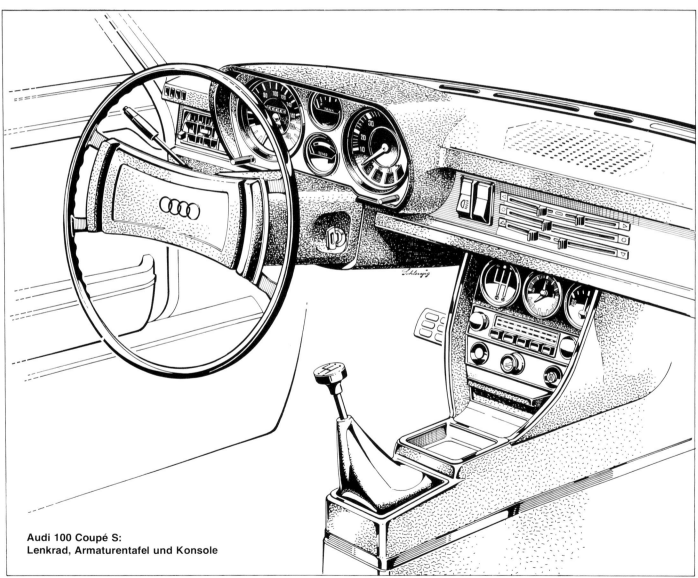

Audi 100 Coupé S:
Lenkrad, Armaturentafel und Konsole

	Audi 100 1968–1971	Audi 100 S 1968–1971	Audi 100 LS 1968–1971	Audi 100 Coupé S 1970–1971
Motor				
Zylinderzahl	Vergasermotor 4 (Reihe). Block um 40° rechts seitlich geneigt	Vergasermotor 4 (Reihe). Block um 40° rechts seitlich geneigt	Vergasermotor 4 (Reihe). Block um 40° rechts seitlich geneigt	Vergasermotor 4 (Reihe). Block um 40° rechts seitlich geneigt
Bohrung x Hub	81,5 x 84,4 mm	81,5 x 84,4 mm	81,5 x 84,4 mm	84,0 x 84,4 mm
Hubraum	1760 ccm	1760 ccm	1760 ccm	1871 ccm
Leistung	80 PS (59 kW) b. 5000 U/min	90 PS (66 kW) b. 5500 U/min	100 PS (74 kW) b. 5500 U/min	115 PS (84 kW) b. 5500 U/min
Drehmoment	13,8 mkg bei 3000 U/min	14,5 mkg bei 3000 U/min	15,3 mkg bei 3500 U/min	16,2 mkg bei 4000 U/min
Verdichtung	1:9,1	1:10,2	1:10,2	1:10,2
Vergaser	1 Fallstromvergaser Solex 35 PDSIT-5 mit Startautomatik	1 Fallstromvergaser Solex 35 PDSIT-5 mit Startautomatik	1 Register-Fallstromvergaser Solex 32/32 TDID bzw. (ab Okt. 1969) 32/35 TDID mit Startautomatik	2 Register-Fallstromvergaser Solex 32/35 TDID mit Startautomatik
Ventile	Hängend. Stoßstangen und Kipphebel. Seitliche Nockenwelle. Antrieb durch Duplexkette			
Kurbelwellenlager	5			
Kühlung	Pumpe, 7,5 Liter Wasser			
Schmierung	Druckumlauf, 4 Liter Öl			
Batterie	12 V 45 Ah (im Motorraum)			
Lichtmaschine	Drehstrom 490 W			
Anlasser	0,8 PS			
Kraftübertragung	Frontantrieb. Motor vor, Getriebe hinter der Vorderachse			
Kupplung	Einscheibentrockenkupplung			
Schaltung	Lenkradschaltung. Auf Wunsch bzw. (bei Coupé) Serie: Schaltstock Wagenmitte			
Getriebe	4 Gang			
Synchronisierung	I–IV			
Übersetzungen	I. 3,399, II. 1,944, III. 1,36, IV. 0,966			
			Ab April 1970 auf Wunsch: Automatic (VW) Hydraulischer Wandler + 3 Gang-Planetengetriebe Wählhebel Wagenmitte I. 2,65, II. 1,59, III. 1,0 Wandler 2,2fach	
Antriebs-Übersetzung	4,111 (37:9)	3,888 (35:9)	3,888, Automatic 3,727	3,727
Fahrwerk	Selbsttragende Ganzstahlkarosserie			
Vorderradaufhängung	Doppel-Querlenker, Federbeine, Schraubenfedern, Querstabilisator			
Hinterradaufhängung	Rohr-Starrachse (selbststabilisierend), Längslenker, Panhardstab, Federstab quer			
Lenkung	Zahnstange (progressiv 21,5–14,4), 3,75 Lenkraddrehungen			
Fußbremse	Zweikreis-Hydraulik Scheibenbr. vorn 280 mm ⌀ (innen am Differential) Trommelbr. hinten 200 mm ⌀	Zweikreis-Hydraulik Servohilfe Scheibenbr. vorn 280 mm ⌀ (innen am Differential) Trommelbr. hinten 200 mm ⌀	Zweikreis-Hydraulik Servohilfe Scheibenbr. vorn 280 mm ⌀ (innen am Differential) Trommelbr. hinten 200 mm ⌀	Zweikreis-Hydraulik Servohilfe Scheibenbr. vorn 291 mm ⌀ (innen am Differential) Trommelbr. hinten 200 mm ⌀
Allgemeine Daten				
Radstand	2675 mm	2675 mm	2675 mm	2560 mm
Spur vorn/hinten	1420/1425 mm	1420/1425 mm	1420/1425 mm	1440/1440 mm
Gesamtmaße	4590 x 1729 x 1421 mm	4590 x 1729 x 1421 mm	4625 x 1729 x 1421 mm	4398 x 1750 x 1370 mm
Felgen	4¹/₂ J x 14	4¹/₂ J x 14	4¹/₂ J x 14	5 J x 14
Reifen	165 SR 14	165 SR 14	165 SR 14	185/70 HR 14
Wendekreis links/rechts	11,5 Meter	11,5 Meter	11,5 Meter	11,3 Meter
Wagengewicht	1050 kg	1060 kg	1080, Automatic 1100 kg	1100 kg
Zuläss. Gesamtgewicht	1530 kg	1530 kg	1530 kg	1450 kg
Höchstgeschwindigkeit	156 km/h	162 km/h	172, Automatic 170 km/h	185 km/h
Beschleunigung 0–100 km/h	15 sec	13 sec	13, Automatic 14 sec	11 sec
Verbrauch/100 km	12 Liter	12 Liter Super	12,5, Automatic 13,5 l Super	13,5 Liter Super
Kraftstofftank	58 Liter (im Heck)	58 Liter (im Heck)	58 Liter (im Heck)	58 Liter (im Heck)

	Audi 100 L (S) ab 1974	Audi 100 (LS) 1971–1974
Motor	Vergasermotor	Vergasermotor
Zylinderzahl	4 (Reihe)	4 (Reihe)
	Block um 40° rechts seitlich geneigt	Block um 40° rechts seitlich geneigt
Bohrung x Hub	79,5 x 80 mm	81,5 x 84,4 mm
Hubraum	1588 ccm	1760 ccm
Leistung	85 PS (63 kW) bei 5800 U/min	85 PS (63 kW) bei 5100 U/min
Drehmoment	12,4 mkg bei 3500 U/min	13,8 mkg bei 3000 U/min
Verdichtung	1 : 8,2	1 : 8,5
Vergaser	1 Register-Fallstromvergaser	1 Fallstromvergaser
	Solex 32/35 DIDTA mit Startautomatik	Solex 35 PDSIT-5 mit Startautomatik
Ventile	Hängend	Hängend
	Obenliegende Nockenwelle	Seitliche Nockenwelle
	Antrieb durch Zahnriemen	Antrieb durch Duplexkette
Kurbelwellenlager	5	5
Kühlung	Pumpe, 7,5 Liter Wasser	Pumpe, 7,5 Liter Wasser
Schmierung	Druckumlauf, 4 Liter Öl	Druckumlauf, 4 Liter Öl
Batterie	12 V 36 oder 54 Ah (im Motorraum)	12 V 45 oder 54 Ah (im Motorraum)
Lichtmaschine	Drehstrom 490 oder 770 W	Drehstrom 490 oder 770 W
Anlasser	0,8 PS	0,8 PS
Kraftübertragung	Frontantrieb. Motor vor,	Frontantrieb. Motor vor,
	Getriebe hinter der Vorderachse	Getriebe hinter der Vorderachse
Kupplung	Einscheibentrockenkupplung	Einscheibentrockenkupplung
Schaltung	Schaltstock Wagenmitte	Lenkradschaltung. Auf Wunsch bzw.
		(ab Okt. 1974) Serie: Schaltstock Mitte
Getriebe	4 Gang	4 Gang
Synchronisierung	I–IV	I–IV
Übersetzungen	I. 3,454, II. 1,944, III. 1,370, IV. 0,969	I. 3,399, II. 1,944, III. 1,360, IV. 0,966
Antriebs-Übersetzung	4,111 (37 : 9)	4,111 (37 : 9)
Fahrwerk	Selbsttragende Ganzstahlkarosserie	
Vorderradaufhängung	Doppel-Querlenker, Federbeine, Schraubenfedern, Querstabilisator	
Hinterradaufhängung	Rohr-Starrachse (selbststabilisierend)	Rohr-Starrachse (selbststabilisierend)
	Längslenker, Panhardstab	Längslenker, Panhardstab
	Federbeine, Schraubenfedern	Bis Aug. 1973: Federstab quer
		Ab Sept. 1973: Federbeine, Schraubenfedern
Lenkung	Zahnstange (progressiv 21,6–17,8 : 1)	Zahnstange (progressiv 21,6–17,8 : 1)
	3,75 Lenkraddrehungen	3,75 Lenkraddrehungen
		Auf Wunsch: Servohilfe (17,3 : 1)
		3 Lenkraddrehungen
Fußbremse	Diagonal-Zweikreis-Hydraulik, Servohilfe	Zweikreis-Hydraulik, Servohilfe
	Scheibenbremsen vorn 257 mm ⌀	Scheibenbremsen vorn 280 mm ⌀
	(außenliegend)	(innen am Differential)
	Trommelbremsen hinten 200 mm ⌀	Trommelbremsen hinten 200 mm ⌀
Handbremse	Seilzug auf Hinterräder	Seilzug auf Hinterräder
Allgemeine Daten		
Radstand	2675 mm	2675 mm
Spur vorn/hinten	1448/1425 mm	1420/1425 mm
Gesamtmaße	4590 (LS 4635) x 1729 x 1421 mm	4590 (LS 4635) x 1729 x 1421 mm
Felgen	5 J x 14	4½ J x 14
Reifen	155 SR 14. LS: 165 SR 14	165 SR 14
Wendekreis links/rechts	11,5 Meter	11,5 Meter
Wagengewicht	1050 kg	1060 kg
Zuläss. Gesamtgewicht	L: 1500 kg. LS: 1550 kg	1550 kg
Höchstgeschwindigkeit	166 km/h	160 km/h
Beschleunigung 0–100 km/h	14 sec	14 sec
Verbrauch/100 km	12 Liter	12 Liter
Kraftstofftank	58 Liter (im Heck)	58 Liter (im Heck)

Audi 100 LS ab 1971	Audi 100 GL ab 1971	Audi 100 Coupé S ab 1971	
Vergasermotor 4 (Reihe) Block um 40° rechts seitlich geneigt 81,5 x 84,4 mm 1760 ccm 100 PS (74 kW) bei 5500 U/min 15,3 mkg bei 3500 U/min 1 : 9,7 1 Register-Fallstromvergaser Solex 32/35 TDID mit Startautomatik Hängend Seitliche Nockenwelle Antrieb durch Duplexkette 5 Pumpe, 7,5 Liter Wasser Druckumlauf, 4 Liter Öl 12 V 45 oder 54 Ah (im Motorraum) Drehstrom 490 oder 770 W 0,8 PS	Vergasermotor 4 (Reihe) Block um 40° rechts seitlich geneigt 84,0 x 84,4 mm 1871 ccm 112 PS (82 kW) bei 5800 U/min 16,3 mkg bei 3500 U/min 1:10,0. Ab 1974: 1: 9,7 1 Register-Fallstromvergaser Solex 32/35 TDID mit Startautomatik Hängend Seitliche Nockenwelle Antrieb durch Duplexkette 5 Pumpe, 7,5 Liter Wasser Druckumlauf, 4 Liter Öl 12 V 54 Ah (im Motorraum) Drehstrom 770 W 0,8 PS		
Frontantrieb. Motor vor, Getriebe hinter der Vorderachse Einscheibentrockenkupplung Lenkradschaltung. Auf Wunsch bzw. (ab Okt. 1974) Serie: Schaltstock Mitte	Frontantrieb. Motor vor, Getriebe hinter der Vorderachse Einscheibentrockenkupplung Schaltstock Wagenmitte	Frontantrieb. Motor vor, Getriebe hinter der Vorderachse Einscheibentrockenkupplung Schaltstock Wagenmitte	

4 Gang
I–IV
I. 3,399, II. 1,944, III. 1,360, IV. 0,966
Auf Wunsch: Automatic (VW)
Hydraulischer Wandler + 3 Gang-Planetengetriebe. Wählhebel Wagenmitte
I. 2,65, II. 1,59, III. 1,0, Wandler 2,2fach

3,888. Automatic 3,727	3,727	3,727	

Selbsttragende Ganzstahlkarosserie
Doppel-Querlenker, Federbeine, Schraubenfedern, Querstabilisator
Rohr-Starrachse (selbststabilisierend), Längslenker, Panhardstab
Bis Aug. 1973: Federstab quer
Ab Sept. 1973: Federbeine, Schraubenfedern

Zahnstange (progressiv 21,6 – 17,8 :1)
3,75 Lenkraddrehungen
Auf Wunsch: Servohilfe (17,3 :1)
3 Lenkraddrehungen
Bis Sept. 1974: Zweikreis-Hydraulik, Servohilfe. Scheibenbremsen vorn bei 100 LS 280 mm ∅ bzw. bei
100 LS Automatic, 100 GL und Coupé 291 mm ∅ (innen am Differential). Trommelbremsen hinten 200 mm ∅
Ab Sept. 1974: Diagonal-Zweikreis-Hydraulik, Servohilfe
Scheibenbremsen vorn 257 mm ∅ (außenliegend). Trommelbremsen hinten 200 ∅
Seilzug auf Hinterräder

| 2675 mm
1420/1425 mm bzw. (ab
Sept. 1974) 1448/1425 mm
4635 x 1729 x 1421 mm
4¹/₂ bzw. (ab Sept. 1974) 5 J x 14
165 SR 14
11,5 Meter
1090, Automatic 1110 kg
1550, Automatic 1570 kg
172, Automatic 170 km/h
13, Automatic 14 sec
12,5, Automatic 13,5 Liter Super
58 Liter (im Heck) | 2675 mm
1420/1425 mm bzw. (ab
Sept. 1974) 1448/1425 mm
4635 x 1729 x 1421 mm
4¹/₂ bzw. (ab Sept. 1974) 5 J x 14
165 SR 14
11,5 Meter
1100, Automatic 1120 kg
1550, Automatic 1570 kg
179, Automatic 175 km/h
12, Automatic 13 sec
13, Automatic 14 Liter Super
58 Liter (im Heck) | 2560 mm
1440/1440 mm

4398 x 1750 x 1370 mm
5 J x 14
185/70 HR 14, Automatic 185/70 SR 14
11,3 Meter
1100, Automatic 1120 kg
1450, Automatic 1470 kg
183, Automatic 179 km/h
11,5, Automatic 12,5 sec
13, Automatic 14 Liter Super
58 Liter (im Heck) | |

Glück für VW:
Audi 80 (1972–1978)

Der Audi 80, vorgestellt im Juli 1972, lieferbar als Zweitüren-Limousine ab September 1972 und als Viertüren-Limousine ab März 1973, war auf Anhieb ein Marktschlager. Form, Leistung, Fahreigenschaften und angenehme Bedienbarkeit des Wagens fanden verdiente Anerkennung. Von den zahlreichen technischen Feinheiten seien vor allem die bremsstabile Lenkung (»negativer Lenkrollradius«) und die Diagonal-Zweikreisbremse erwähnt. Typengeschichtlich kommt dem Audi 80 insofern überragende Bedeutung zu, als er die Ausgangsbasis für die von VW-Generaldirektor Rudolf Leiding und Audi-Entwicklungschef Ludwig Kraus gemeinsam konzipierte Baukasten-Serie darstellte. Der völlig neu entwickelte Motor des damaligen Audi 80 ist heute stückzahlmäßig der meistverwendete im gesamten VW-Konzern. Nach den enormen Verkaufszahlen der Anfangszeit verlor allerdings ein Großteil der einschlägigen Käufer das Interesse am Audi 80, seit das Volkswagenwerk den gleichen Wagen (mit Fließ- statt Stufenheck) als VW Passat auf den Markt brachte. Erhalten blieb dem Audi 80 jedoch der Ruf, von den Zwillingen das »feinere« Auto zu sein.

Vielleicht um dies zu unterstreichen, gab es zusätzlich zum Audi 80 und 80 L mit 55 PS-Motor, Audi 80 S und 80 LS mit 75 PS-Motor sowie Audi 80 GL mit 85 PS-Motor ab September 1973 den Audi 80 GT als sportlich aufgemachte Zweitüren-Limousine mit 100 PS-Motor, breiten 70er-Gürtelreifen auf 5″-Sportfelgen, Sportlenkrad, Mittelkonsole, großem Drehzahlmesser, Automatik-Sitzgurten und Kopfstützen.

Preise	Audi 80 Li. 2 Türen	Audi 80 L Li. 2 Türen	Audi 80 L Li. 4 Türen	Audi 80 LS Li. 4 Türen	Audi 80 GL Li. 4 Türen	Audi 80 GT Li. 2 Türen
Juli 1972	DM 7 990,–	DM 8 440,–	DM 8 815,–	DM 9 165,–	DM 9 625,–	–
Februar 1973	DM 8 495,–	DM 8 995,–	DM 9 370,–	DM 9 750,–	DM 10 225,–	–
März 1974	DM 9 070,–	DM 9 600,–	DM 9 995,–	DM 10 420,–	DM 10 900,–	DM 11 420,–
August 1974	DM 9 735,–	DM 10 375,–	DM 10 795,–	DM 11 245,–	DM 11 755,–	DM 12 145,–
Januar 1975	DM 9 995,–	DM 10 750,–	DM 11 185,–	DM 11 650,–	DM 12 175,–	DM 12 580,–
April 1975	DM 10 340,–	DM 11 170,–	DM 11 645,–	DM 12 070,–	DM 12 470,–	DM 12 995,–
						Audi 80 GTE Li. 2 Türen
September 1975						DM 13 995,–
März 1976	DM 10 885,–	DM 11 795,–	DM 12 320,–	DM 12 780,–	DM 13 265,–	DM 14 860,–
					Audi 80 GLS Li. 4 Türen	
August 1976	DM 11 145,–	DM 11 900,–	DM 12 425,–	DM 12 885,–	DM 13 670,–	DM 15 180,–
März 1977	DM 11 580,–	DM 12 385,–	DM 12 935,–	DM 13 415,–	DM 14 245,–	DM 15 815,–
Mai 1978	DM 12 195,–	DM 13 040,–	DM 13 610,–	DM 14 110,–	DM 14 970,–	DM 16 615,–

Audi 80 Limousine 2 Türen 1972–1974

August 1974: Zahlreiche Detailverbesserungen für die gesamte Modellreihe. Der 75 PS-Motor wurde von Super- auf Normalbenzin umgestellt, bewirkt durch drastische Herabsetzung der Verdichtung sowie Änderung des Auspuffsystems, was bemerkenswerterweise ohne Beeinträchtigung der seitherigen Nennleistung gelang. Weitere Neuerungen ab Anfang 1975: Vollschaumstoffsitze sowie geänderte Schaltung mit verkürztem Schaltstock. Im Juni 1975 wurde der 500 000. Audi 80 ausgeliefert.

September 1975: Hubraum der 75 PS- und 85 PS-Motoren von 1471 auf 1588 ccm vergrößert, beide für Normalbenzin. Audi 80 GT durch 80 GTE mit Einspritzmotor ersetzt. Neu ist der Kombiwagen Audi 80 Variant, der aber nur für den Export (USA und Großbritannien) hergestellt wird. Ab Dezember 1975 ist Audi 80 GL wahlweise auch mit 75 PS-Motor erhältlich. Ab Januar 1976 gibt es Audi 80 GTE nicht nur als Zweitüren-, sondern auch als Viertüren-Limousine.

August 1976: Stilistische Modifikationen für gesamte Modellreihe, die damit dem neuen Audi 100 ähnlicher wird. Breitere Kühlerverkleidung, Breitscheinwerfer, um die Ecke gezogene Blinkleuchten, weiter herumgezogene Stoßstangen, erweiterte Grundausstattung, einheitliche Schaltgetriebe.

Bis zum Produktionsauslauf im Juli 1978 wurden insgesamt 1 103 766 Audi 80 ausgeliefert.

Audi 80
Audi 80 S
Limousine 2 Türen
1972–1974

Audi Fox
USA-Ausführung
des Audi 80 S
Limousine 4 Türen
1973–1974

Audi 80 GL
Limousine 2 Türen
1972–1974

Audi 80 GL
Limousine 4 Türen
1973–1974

Audi 80 GT
Limousine 2 Türen
1973–1974

Audi 80
Audi 80 S
Limousine 4 Türen
1974–1976

Audi 80 GL
Limousine 2 Türen
1974–1976

Audi 80 GTE
Limousine 4 Türen
1975–1976

Audi 80
Audi 80 S
Limousine 2 Türen
1976–1978

Audi 80 GLS
Limousine 4 Türen
1976–1978

Audi 80 GTE
Limousine 4 Türen
1976–1978

Audi 80 (1972–1975)

Audi 80 GT (1973–1975)

Audi 80 (1974–1976)

Audi 80 (1976–1978)

**Audi 80 Asso Karmann
Prototyp 1973**

**Audi 80 Asso Karmann
Karosserie Ital Design
Entwurf Giugiaro
Prototyp 1973**

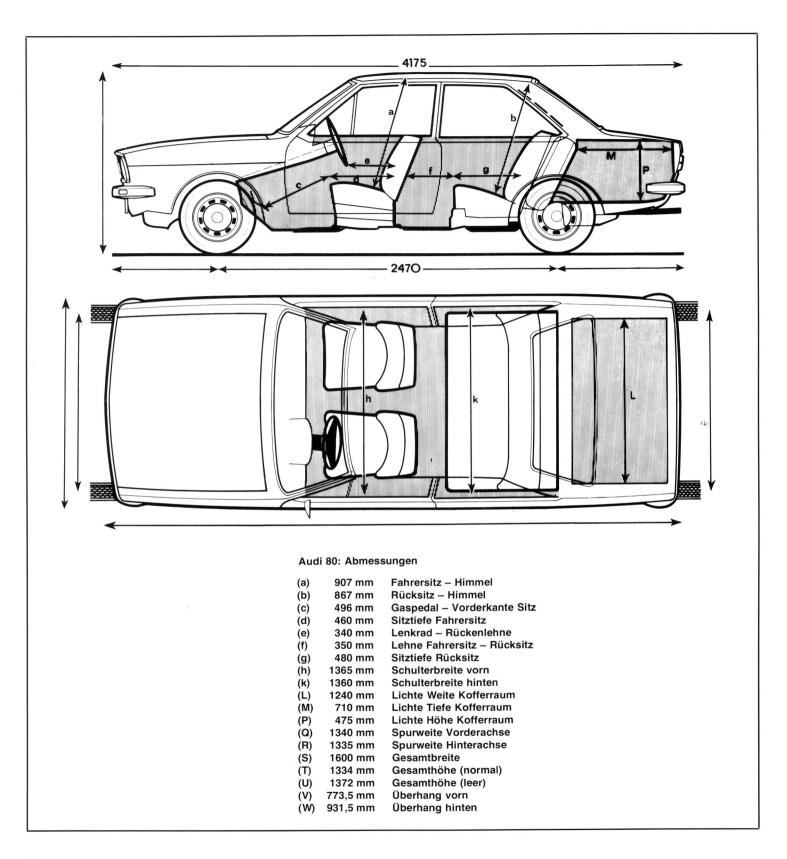

Audi 80: Abmessungen

(a)	907 mm	Fahrersitz – Himmel
(b)	867 mm	Rücksitz – Himmel
(c)	496 mm	Gaspedal – Vorderkante Sitz
(d)	460 mm	Sitztiefe Fahrersitz
(e)	340 mm	Lenkrad – Rückenlehne
(f)	350 mm	Lehne Fahrersitz – Rücksitz
(g)	480 mm	Sitztiefe Rücksitz
(h)	1365 mm	Schulterbreite vorn
(k)	1360 mm	Schulterbreite hinten
(L)	1240 mm	Lichte Weite Kofferraum
(M)	710 mm	Lichte Tiefe Kofferraum
(P)	475 mm	Lichte Höhe Kofferraum
(Q)	1340 mm	Spurweite Vorderachse
(R)	1335 mm	Spurweite Hinterachse
(S)	1600 mm	Gesamtbreite
(T)	1334 mm	Gesamthöhe (normal)
(U)	1372 mm	Gesamthöhe (leer)
(V)	773,5 mm	Überhang vorn
(W)	931,5 mm	Überhang hinten

	Audi 80 (L) 1972–1975	Audi 80 S, LS 1972–1975	Audi 80 GL 1972–1975	Audi 80 GT 1972–1975	
Motor					
Zylinderzahl	4 (Reihe)	4 (Reihe)	4 (Reihe)	4 (Reihe)	
Bohrung x Hub	75 x 73,4 mm	76,5 x 80 mm	76,5 x 80 mm	79,5 x 80 mm	
Hubraum	1297 (Steuer 1281) ccm	1471 ccm	1471 ccm	1588 ccm	
Leistung	55 PS (40 kW) bei 5500 U/min	75 PS (55 kW) bei 5800 U/min	85 PS (63 kW) bei 5800 U/min	100 PS (74 kW) bei 6000 U/min	
Drehmoment	9,4 mkg bei 2500 U/min	11,6 mkg bzw. (ab Aug. 1974) 11,4 mkg bei 3300 U/min	12,3 mkg bei 4000 U/min	13,4 mkg bei 4000 U/min	
Verdichtung	1 : 8,5	1 : 9,7. Ab Aug. 1974: 1 : 8,2	1 : 9,7	1 : 9,7	
Vergaser	1 Fallstromvergaser Solex 30–35 PDSIT mit Startautomatik	1 Fallstromvergaser Solex 35 PDSIT mit Startautomatik	1 Fallstrom-Registervergaser Solex 32/35 TDID-5 mit Startautomatik	1 Fallstrom-Registervergaser Solex 35/40 DIDTA mit Startautomatik	
Ventile	Hängend Obenliegende Nockenwelle Antrieb durch Zahnriemen	Hängend Obenliegende Nockenwelle Antrieb durch Zahnriemen	Hängend Obenliegende Nockenwelle Antrieb durch Zahnriemen	Hängend Obenliegende Nockenwelle Antrieb durch Zahnriemen	
Kurbelwellenlager	5	5	5	5	
Kühlung	Pumpe (6,5 Liter Wasser)	Pumpe (6,5 Liter Wasser)	Pumpe (6,5 Liter Wasser)	Pumpe (6,5 Liter Wasser)	
Schmierung	Druckumlauf (3,5 Liter Öl)	Druckumlauf (3,5 Liter Öl)	Druckumlauf (3,5 Liter Öl)	Druckumlauf (3,5 Liter Öl)	
Batterie	12 V 36, 45 oder 54 Ah (im Motorraum)	12 V 36, 45 oder 54 Ah (im Motorraum)	12 V 45 oder 54 Ah (im Motorraum)	12 V 45 oder 54 Ah (im Motorraum)	
Lichtmaschine	Drehstrom 490 oder 770 W	Drehstrom 490 oder 770 W	Drehstrom 770 W	Drehstrom 770 W	
Kraftübertragung	Frontantrieb. Motor (um 20° nach rechts geneigt), Getriebe hinter der Vorderachse				
	Bei 75 PS- und 85 PS-Motor wahlweise Schaltgetriebe oder Automatic:				
Schaltung	Schaltstock Wagenmitte	Schaltstock Wagenmitte	Wählhebel Wagenmitte	Schaltstock Wagenmitte	
Kupplung	Einscheibentrockenkupplung	Einscheibentrockenkupplung	Hydraulischer Wandler +	Einscheibentrockenkupplung	
Getriebe	4 Gang	4 Gang	3 Gang-Planetengetriebe	4 Gang	
Synchronisierung	I–IV	I–IV	I–III	I–IV	
Übersetzungen	I. 3,454	I. 3,454	I. 2,65	I. 3,454	
	II. 2,055	II. 2,055	II. 1,59	II. 2,055	
	III. 1,370	III. 1,370	III. 1,00	III. 1,333	
	IV. 0,968	IV. 0,968		IV. 0,909	
Antriebs-Übersetzung	4,555 (9 : 41)	Schaltgetriebe: 4,111 (9 : 37) Automatic: 4,091 (11 : 45)	Schaltgetriebe: 4,111 (9 : 37) Automatic: 3,909 (11 : 43)	4,111 (9 : 37)	
Fahrwerk	Selbsttragende Ganzstahlkarosserie				
Vorderradaufhängung	McPherson-Federbeine, Querlenker, Schraubenfedern, Stabilisator				
Hinterradaufhängung	Starrachse, Längslenker, Panhardstab, Schraubenfedern				
Lenkung	Zahnstange (19,1 : 1), 3³/₄ Lenkraddrehungen				
Fußbremse	Diagonal-Zweikreis-Hydraulik				
	Schreibenbremsen vorn (239 mm ⌀), Trommelbremsen hinten (180 mm ⌀)				
	Servohilfe auf Wunsch	Limousinen mit Automatic: Servohilfe Limousinen mit Schaltgetriebe: Servohilfe auf Wunsch	Servohilfe	Servohilfe	
Allgemeine Daten					
Radstand	2470 mm	2470 mm	2470 mm	2470 mm	
Spur	1340/1335 mm	1340/1335 mm	1340/1335 mm	1340/1335 mm	
Gesamtmaße	4175 x 1600 x 1362 mm	4175 x 1600 x 1362 mm	4201 x 1600 x 1362 mm	4201 x 1600 x 1362 mm	
Felgen	4¹/₂ J x 13 H 2-B	4¹/₂ J x 13 H 2-B	4¹/₂ J x 13 H 2-B	5 J x 13 H 2-B	
Reifen	155–13 oder 155 SR 13	155 SR 13	155 SR 13	175/70 SR 13 (Winter: 155 SR 13)	
Wendekreis links/rechts	10,5/10,7 Meter	10,5/10,7 Meter	10,5/10,7 Meter	10,5/10,7 Meter	
Wagengewicht	Limousine 2 Türen 860 kg Limousine 4 Türen 870 kg	Limousine 2 Türen 875 kg Limousine 4 Türen 885 kg Automatic + 25 kg	Limousine 2 Türen 880 kg Limousine 4 Türen 890 kg Automatic + 25 kg	Limousine 2 Türen 880 kg	
Zuläss. Gesamtgewicht	1260 kg	1275 kg, Automatic 1295 kg	1280 kg, Automatic 1300 kg	1280 kg	
Höchstgeschwindigkeit	147 km/h	160, Automatic 155 km/h	168, Automatic 163 km/h	173 km/h	
Beschleunigung 0–100 km/h	16,5 sec	13,5, Automatic 15 sec	12, Automatic 14 sec	11 sec	
Verbrauch/100 km	10 Liter	Bis Juli 1974: 10, Automatic 11 l Super Ab August 1974: 10,5, Automatic 11,5 Liter	10 Liter Super Automatic 11 Liter Super	10,5 Liter Super	
Kraftstofftank	45 Liter (im Heck)	45 Liter (im Heck)	45 Liter (im Heck)	45 Liter (im Heck)	

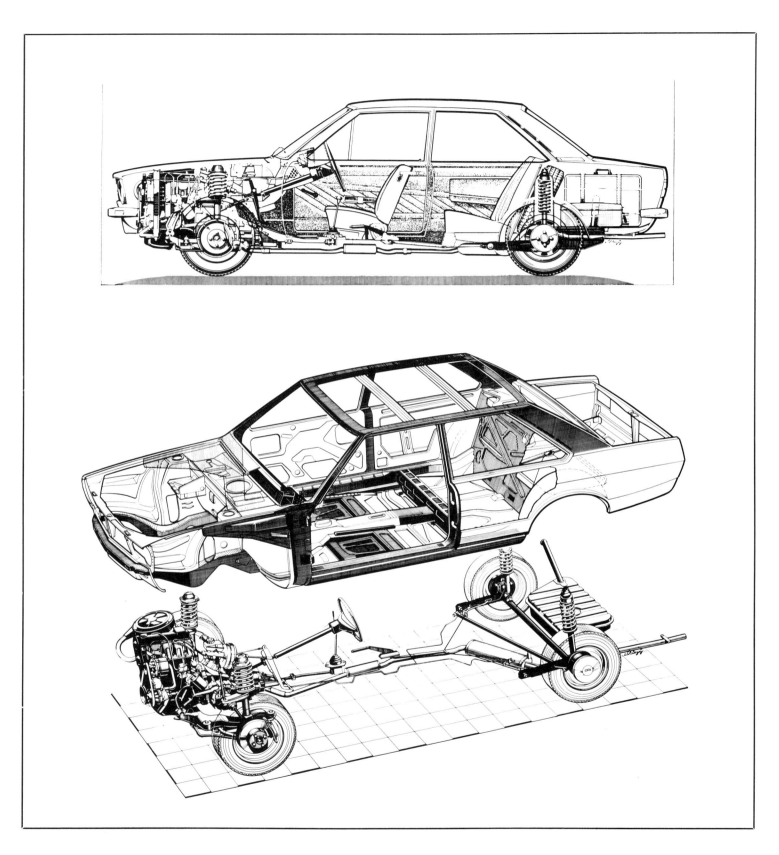

	Audi 80 (L) 1975–1976	Audi 80 S, LS, GL 1975–1976	Audi 80 GL 1975–1976	Audi 80 GTE 1975–1976
Motor	Vergasermotor	Vergasermotor	Vergasermotor	Einspritzmotor
Zylinderzahl	4 (Reihe)	4 (Reihe)	4 (Reihe)	4 (Reihe)
Bohrung×Hub	75×73,4 mm	79,5×80 mm	79,5×80 mm	79,5×80 mm
Hubraum	1297 (Steuer 1281) ccm	1588 ccm	1588 ccm	1588 ccm
Leistung	65 PS (40 kW) bei 5500 U/min	75 PS (55 kW) bei 5600 U/min	85 PS (63 kW) bei 5600 U/min	110 PS (81 kW) bei 6100 U/min
Drehmoment	9,4 mkg bei 2500 U/min	12,1 mkg bei 3200 U/min	12,7 mkg bei 3200 U/min	14,0 mkg bei 5000 U/min
Verdichtung	1 : 8,5	1 : 8,2	1 : 8,2	1 : 9,5
Vergaser bzw.	1 Fallstromvergaser	1 Fallstromvergaser	1 Fallstrom-Registervergaser	Bosch K-Jetronic
Einspritzung	Solex 35 PDSIT mit Startautomatik	Solex 35 PDSIT mit Startautomatik	Solex 32/35 TDID mit Startautomatik	
Ventile	Hängend Obenliegende Nockenwelle Antrieb durch Zahnriemen	Hängend Obenliegende Nockenwelle Antrieb durch Zahnriemen	Hängend Obenliegende Nockenwelle Antrieb durch Zahnriemen	Hängend Obenliegende Nockenwelle Antrieb durch Zahnriemen
Kurbelwellenlager	5	5	5	5
Kühlung	Pumpe (6,5 Liter Wasser)	Pumpe (6,5 Liter Wasser)	Pumpe (6,5 Liter Wasser)	Pumpe (6,5 Liter Wasser)
Schmierung	Druckumlauf (3,5 Liter Öl)	Druckumlauf (3,5 Liter Öl)	Druckumlauf (3,5 Liter Öl)	Druckumlauf (3,5 Liter Öl)
Batterie	12 V 36, 45 oder 54 Ah (im Motorraum)	12 V 36, 45 oder 54 Ah (im Motorraum)	12 V 45 oder 54 Ah (im Motorraum)	12 V 45 oder 54 Ah (im Motorraum)
Lichtmaschine	Drehstrom 490 oder 770 W	Drehstrom 490 oder 770 W	Drehstrom 770 W	Drehstrom 770 W
Kraftübertragung		Frontantrieb. Motor (um 20° rechts seitlich geneigt) vor, Getriebe hinter der Vorderachse Bei 75 PS- und 85 PS-Motor wahlweise Schaltgetriebe oder Automatic:		
Schaltung	Schaltstock Wagenmitte	Schaltstock Wagenmitte	Wählhebel Wagenmitte	Schaltstock Wagenmitte
Kupplung	Einscheibentrockenkupplung	Einscheibentrockenkupplung	Hydraulischer Wandler +	Einscheibentrockenkupplung
Getriebe	4 Gang	4 Gang	3 Gang-Planetengetriebe	4 Gang
Synchronisierung	I–IV	I–IV	I–III	I–IV
Übersetzungen	I. 3,454	I. 3,454	I. 2,65	I. 3,454
	II. 1,940	II. 1,940	II. 1,59	II. 1,940
	III. 1,370	III. 1,370	III. 1,00	III. 1,370
	IV. 0,94	IV. 0,94		IV. 0,94
Antriebs-Übersetzung	4,555 (9 : 41)	Schaltgetriebe 4,111 (9 : 37) Automatic 3,909 (11 : 43)	Schaltgetriebe 4,111 (9 : 37) Automatic 3,909 (11 : 43)	4,111 (9 : 37)
Fahrwerk		Selbsttragende Ganzstahlkarosserie		
Vorderradaufhängung		McPherson-Federbeine, Querlenker, Schraubenfedern, Stabilisator		
Hinterradaufhängung		Starrachse, Längslenker, Panhardstab, Schraubenfedern		
Lenkung		Zahnstange (19,1:1), 3¾ Lenkraddrehungen		
Fußbremse		Diagonal-Zweikreis-Hydraulik Scheibenbremsen vorn (239 mm ⌀), Trommelbremsen hinten (180 mm ⌀)		
	Servohilfe auf Wunsch	Servohilfe auf Wunsch bzw. (bei Automatic) Serie	Servohilfe	Servohilfe
Allgemeine Daten				
Radstand	2470 mm	2470 mm	2470 mm	2470 mm
Spur vorn/hinten	1340/1335 mm	1340/1335 mm	1340/1335 mm	1340/1335 mm
Gesamtmaße	4180 (L : 4200)×1600×1362	4200 (S : 4180)×1600×1362	4200×1600×1362	4200×1600×1362
Felgen	4½ J×13	4½ J×13	4½ oder 5 J×13	5 J×13
Reifen	155 SR 13	155 SR 13	155 SR 13	175/70 HR 13
Wendekreis links/rechts	10,5/10,7 Meter	10,5/10,7 Meter	10,5/10,7 Meter	10,5/10,7 Meter
Wagengewicht	Limousine 2 Türen 870 kg Limousine 4 Türen 880 kg	Limousine 2 Türen 885 kg Limousine 4 Türen 895 kg Automatic +20 kg	Limousine 2 Türen 890 kg Limousine 4 Türen 900 kg Automatic +20 kg	Limousine 2 Türen 890 kg Limousine 4 Türen 900 kg
Zuläss. Gesamtgewicht	1260 kg	1275, Automatic 1295 kg	1280, Automatic 1300 kg	1280 kg
Höchstgeschwindigkeit	147 km/h	160, Automatic 156 km/h	170, Automatic 166 km/h	181 km/h
Beschleunigung 0–100 km/h	16,5 sec	13,5, Automatic 15 sec	12, Automatic 13,5 sec	9,5 sec
Verbrauch/100 km	10 Liter	10,5, Automatic 11,5 Liter	10,5, Automatic 11,5 Liter	11 Liter Super
Kraftstofftank	45 Liter (im Heck)	45 Liter (im Heck)	45 Liter (im Heck)	45 Liter (im Heck)

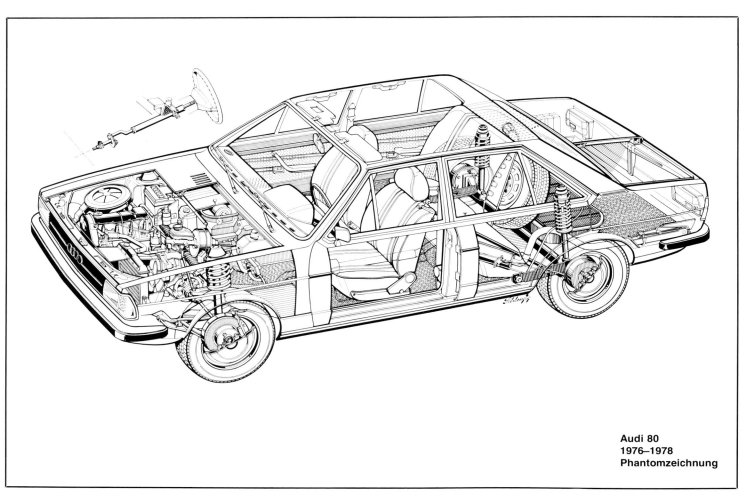

**Audi 80
1976–1978
Phantomzeichnung**

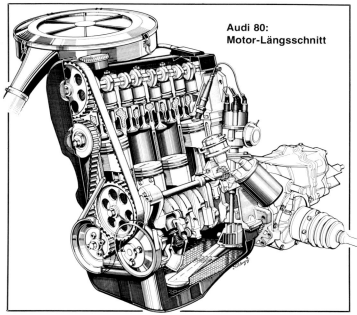

**Audi 80:
Motor-Längsschnitt**

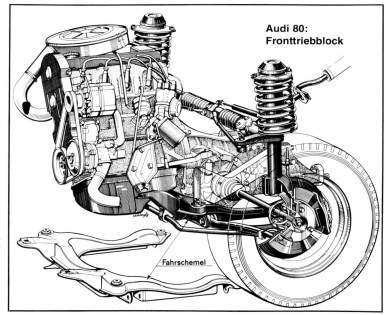

**Audi 80:
Fronttriebblock**

Fahrschemel

	Audi 80 (L) 1976–1978	Audi 80 S, LS, GLS 1976–1978	Audi 80 LS, GLS 1976–1978	Audi 80 GTE 1976–1978
Motor	Vergasermotor	Vergasermotor	Vergasermotor	Einspritzmotor
Zylinderzahl	4 (Reihe)	4 (Reihe)	4 (Reihe)	4 (Reihe)
Bohrung×Hub	75×73,4 mm	79,5×80 mm	79,5×80 mm	79,5×80 mm
Hubraum	1297 (Steuer 1281) ccm	1588 ccm	1588 ccm	1588 ccm
Leistung	55 PS (40 kW) bei 5500 U/min	75 PS (55 kW) bei 5600 U/min	85 PS (63 kW) bei 5600 U/min	110 PS (81 kW) bei 6100 U/min
Drehmoment	9,4 mkg bei 2500 U/min	12,1 mkg bei 3200 U/min	12,7 mkg bei 3200 U/min	14,0 mkg bei 5000 U/min
Verdichtung	1 : 8,5	1 : 8,2	1 : 8,2	1 : 9,5
Vergaser bzw.	1 Fallstromvergaser	1 Fallstromvergaser	1 Fallstrom-Registervergaser	Bosch K-Jetronic
Einspritzung	Solex 35 PDSIT mit Startautomatik	Solex 35 PDSIT mit Startautomatik	Solex 32/35 TDID mit Startautomatik	
Ventile	Hängend Obenliegende Nockenwelle Antrieb durch Zahnriemen	Hängend Obenliegende Nockenwelle Antrieb durch Zahnriemen	Hängend Obenliegende Nockenwelle Antrieb durch Zahnriemen	Hängend Obenliegende Nockenwelle Antrieb durch Zahnriemen
Kurbelwellenlager	5	5	5	5
Kühlung	Pumpe (6,5 Liter Wasser)	Pumpe (6,5 Liter Wasser)	Pumpe (6,5 Liter Wasser)	Pumpe (6,5 Liter Wasser)
Schmierung	Druckumlauf (3,5 Liter Öl)	Druckumlauf (3,5 Liter Öl)	Druckumlauf (3,5 Liter Öl)	Druckumlauf (3,5 Liter Öl)
Batterie	12 V 36 Ah (im Motorraum)	12 V 36 oder 45 Ah (im Motorraum)	12 V 45 Ah (im Motorraum)	12 V 45 Ah (im Motorraum)
Lichtmaschine	Drehstrom 490 W	Drehstrom 490 oder 770 W	Drehstrom 770 W	Drehstrom 770 W
Kraftübertragung	\multicolumn{4}{c}{Frontantrieb. Motor (um 20° rechts seitlich geneigt) vor, Getriebe hinter der Vorderachse Bei 75 PS- und 85 PS-Motor wahlweise Schaltgetriebe oder Automatic:}			
Schaltung	Schaltstock Wagenmitte	Schaltstock Wagenmitte	Wählhebel Wagenmitte	Schaltstock Wagenmitte
Kupplung	Einscheibentrockenkupplung	Einscheibentrockenkupplung	Hydraulischer Wandler + 3 Gang-Planetengetriebe	Einscheibentrockenkupplung
Getriebe	4 Gang	4 Gang		4 Gang
Synchronisierung	I–IV	I–IV	I–III	I–IV
Übersetzungen	I. 3,454	I. 3,454	I. 2,55	I. 3,454
	II. 1,940	II. 1,940	II. 1,45	II. 1,940
	III. 1,290	III. 1,290	III. 1,00	III. 1,290
	IV. 0,909	IV. 0,909		IV. 0,909
Antriebs-Übersetzung	4,444	4,111, Automatic 3,91	4,111, Automatic 3,91	3,889
Fahrwerk	\multicolumn{4}{c}{Selbsttragende Ganzstahlkarosserie}			
Vorderradaufhängung	\multicolumn{4}{c}{McPherson-Federbeine, Querlenker, Schraubenfedern, Stabilisator}			
Hinterradaufhängung	\multicolumn{4}{c}{Starrachse, Längslenker, Panhardstab, Schraubenfedern}			
Lenkung	\multicolumn{4}{c}{Zahnstange (19,1:1), 3¾ Lenkraddrehungen}			
Fußbremse	\multicolumn{4}{c}{Diagonal-Zweikreis-Hydraulik Scheibenbremsen vorn (239 mm ⌀), Trommelbremsen hinten (180 mm ⌀)}			
Allgemeine Daten				
Radstand	2470 mm	2470 mm	2470 mm	2470 mm
Spur vorn/hinten	1340/1335 mm	1340/1335 mm	1340/1335 mm	1340/1335 mm
Gesamtmaße	4245×1600×1362	4245×1600×1362	4245×1600×1362	4245×1600×1362
Felgen	4½ J×13	4½ J×13	5 J×13	5 J×13
Reifen	155 SR 13	155 SR 13	175/70 SR 13	175/70 HR 13
Wendekreis links/rechts	10,5/10,7 Meter	10,5/10,7 Meter	10,5/10,7 Meter	10,5/10,7 Meter
Wagengewicht	Limousine 2 Türen 870 kg Limousine 4 Türen 880 kg	Limousine 2 Türen 885 kg Limousine 4 Türen 895 kg Automatic +20 kg	Limousine 2 Türen 890 kg Limousine 4 Türen 900 kg Automatic +20 kg	Limousine 2 Türen 890 kg Limousine 4 Türen 900 kg
Zuläss. Gesamtgewicht	1300 kg	1300 kg	1300 kg	1300 kg
Höchstgeschwindigkeit	147 km/h	160, Automatic 156 km/h	165, Automatic 161 km/h	178 km/h
Beschleunigung 0–100 km/h	16,5 sec	13,5, Automatic 15 sec	12,5 Automatic 14 sec	10 sec
Verbrauch/100 km	10 Liter	10,5, Automatic 11,5 Liter	10,5, Automatic 11,5 Liter	11 Liter Super
Kraftstofftank	45 Liter (im Heck)	45 Liter (im Heck)	45 Liter (im Heck)	45 Liter (im Heck)

Fern der Heimat:
Audi 50 (1974–1978)

Mit dem Audi 50, der letzten Entwicklung des Ende 1973 pensionierten und ein halbes Jahr später zum Ehrendoktor ernannten »Audi-Vaters« Ludwig Kraus, gab es endlich den ersten deutschen »Mini«! Seit Jahrzehnten hatte man den deutschen Markt in dieser kleinsten Fahrzeugklasse italienischen, französischen und englischen Fabrikaten überlassen. Frontantrieb mit Quermotor, Zweitüren-Kombilimousine mit vorklappbarer Rücklehne, kompakte Außenmaße, ordentliche Fahrleistungen und Fahreigenschaften, das sind die Merkmale eines zeitgemäßen Kleinwagens, geeignet für Berufsverkehr und Kaffeefahrten, als Einkaufsauto und Transporter für den Haushalt, für die Fahrt zum nächsten Briefkasten nicht zu groß und für die Urlaubsreise nicht zu klein. Er ist zwar nicht billig, aber wirtschaftlich im Betrieb sowie einigermaßen angenehm und sicher zu fahren.

strategie des Konzerns dafür, daß der VW Polo den Audi 50 mehr und mehr vom Markt wieder verdrängte. So wurde im Gegensatz zum VW Polo beim Audi 50 jahrelang keine Modellpflege mehr betrieben und vor allem wurde der Verkauf über die Händler dergestalt gesteuert, daß Audi 50-Interessenten durch raschere Lieferbarkeit und andere Maßnahmen zur Anschaffung eines VW Polo veranlaßt wurden. Für den außenstehenden Beobachter bleibt es unbegreiflich, warum das Volkswagenwerk den Audi 50 so bald wieder aufgegeben hat. Einerseits kann dadurch gewiß keinerlei Rationalisierungseffekt erzielt worden sein, andererseits hätten beim Weiterbestehen dieses Typs mit Sicherheit zusätzliche Käufer gewonnen werden können.

Ursprünglich bot man den Audi 50 in zwei Ausführungen an: als LS mit 1,1 Liter 50 PS-Motor und als GL mit besserer

Preise	Audi 50 LS 50 PS	Audi 50 GL 60 PS
September 1974	DM 8 195,–	DM 8 510,–
Januar 1975	DM 8 490,–	DM 8 820,–
April 1975	DM 8 995,–	DM 9 340,–
März 1976	DM 9 445,–	DM 9 785,–
		Audi 50 GLS 60 PS
März 1977	DM 9 915,–	DM 10 670,–
Mai 1978	DM 10 360,–	DM 11 170,–

Vorgestellt wurde der Audi 50 mit Serienbeginn im September 1974. Seine Produktion lief im Wolfsburger Volkswagenwerk (Werksbezeichnung: Typ 86). Dort folgte dann freilich schon im März 1975 der VW Polo, zunächst nur als Standardmodell des Audi 50. Obwohl der letztere vom Volkswagenwerk bei seiner Einführung ganz groß herausgestellt worden war, sorgte bald eine gezielte Verkaufs-

Ausstattung und 1,1 Liter 60 PS-Motor. Ab August 1976 wurden LS und GL beide wahlweise mit 50 oder 60 PS-Motor lieferbar. Ab August 1977 wurde der 1,1 Liter 60 PS-Motor, der Superbenzin brauchte, durch einen 1,3 Liter 60 PS-Motor für Normalbenzin ersetzt. Im Juli 1978 beendete man die Produktion des Audi 50. Immerhin 180 828 Wagen dieser Baureihe sind ausgeliefert worden.

Audi 50 LS
Audi 50 GL
Audi 50 GLS
Kombi-Limousine 2 Türen
1974–1978

Der Vierzylinder-Reihenmotor des Audi 50 ist vor
der Vorderachse quer eingebaut und nach vorn ge-
neigt. Die obenliegende Nockenwelle wird über einen Zahnriemen angetrieben.

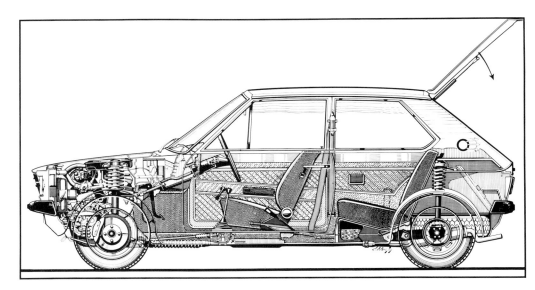

Audi 50: Längsschnitt

Links:
Motor-Längsschnitt
Rechts:
Motor-Querschnitt

Links:
Fronttriebblock
Rechts:
Hinterradaufhängung

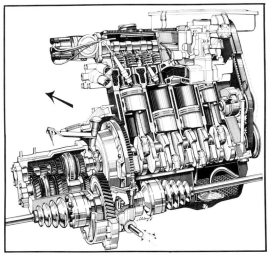

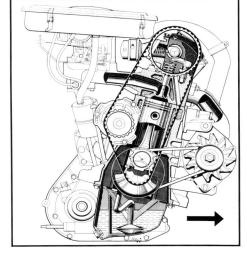

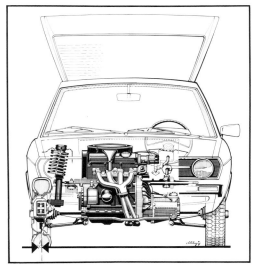

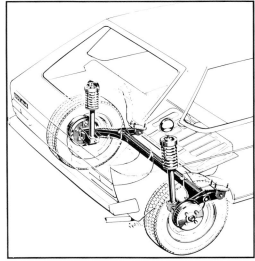

	Audi 50 LS 1974–1978 Audi 50 GL 1976–1977 Audi 50 GTS 1877–1978	Audi 50 GS 1974–1977 Audi 50 LS 1976–1977	Audi 50 LS 1977–1978 Audi 50 GLS 1977–1978	
Motor	Vergasermotor	Vergasermotor	Vergasermotor	
Zylinderzahl	4 (Reihe)	4 (Reihe)	4 (Reihe)	
Bohrung×Hub	69,5×72 mm	69,5×72 mm	75×72 mm	
Hubraum	1093 (Steuer 1085) ccm	1093 (Steuer 1085) ccm	1272 (Steuer 1263) ccm	
Leistung	50 PS (37 kW) bei 5800 U/min	60 PS (44 kW) bei 6000 U/min	60 PS (44 kW) bei 5600 U/min	
Drehmoment	7,7 mkg bei 3500 U/min	8,5 mkg bei 3500 U/min	9,5 mkg bei 3400 U/min	
Verdichtung	1:8,0	1:9,3	1:8,2	
Vergaser	1 Fallstromvergaser Solex 31 PICT-5 bis Juli 1977: Startautomatik	1 Fallstromvergaser Solex 31 PICT-5 mit Startautomatik	1 Fallstromvergaser Solex 34 PIC	
Ventile	Hängend, obenliegende Nockenwelle, Antrieb durch Zahnriemen			
Kurbelwellenlager	5			
Kühlung	Pumpe, 6,5 Liter Wasser			
Schmierung	Druckumlauf, 3,5 Liter Öl			
Batterie	12 V 36 oder 45 Ah (im Motorraum)			
Lichtmaschine	Drehstrom 490 oder 770 W			
Kraftübertragung	Frontantrieb. Motor-Getriebe-Block quer (um 15° nach vorn geneigt) vor Vorderachse			
Kupplung	Einscheibentrockenkupplung			
Schaltung	Schaltstock Wagenmitte			
Getriebe	4 Gang			
Synchronisierung	I–IV			
Übersetzungen	I. 3,454, II. 2,050, III. 1,347, IV. 0,963			
Antriebs-Übersetzung	4,267 bzw. (ab Aug. 1977) 4,571	4,267	4,063	
Fahrwerk	Selbsttragende Ganzstahlkarosserie			
Vorderradaufhängung	McPherson-Federbeine, Querlenker, Schraubenfedern, Stabilisator			
Hinterradaufhängung	Federbeine, Längslenker, Schraubenfedern, stabilisierender Querträger Bei 60 PS-Motor: Querstabilisator			
Lenkung	Zahnstange (19,45:1), 3,7 Lenkraddrehungen			
Fußbremse	Diagonal-Zweikreis-Hydraulik, Scheibenbremsen vorn, Trommelbremsen hinten Servohilfe auf Wunsch bzw. (ab August 1976) Serie			
Allgemeine Daten				
Radstand	2335 mm	2335 mm	2335 mm	
Spur vorn/hinten	1295/1310 mm	1295/1310 mm	1295/1310 mm	
Gesamtmaße	3526×1560×1360 mm bzw. Audi 50 LS bis Juli 1976: 3500×1560×1360 mm	3526×1560×1360 mm	3526×1560×1360 mm	
Felgen	4½ J×13	4½ J×13	4½ J×13	
Reifen	135 SR 13 bzw. (ab Aug. 1976) 145 SR 13	135 SR 13 bzw. (ab Aug. 1976) 145 SR 13	145 SR 13	
Wendekreis links/rechts	9,9/10 Meter	9,9/10 Meter	9,9/10 Meter	
Wagengewicht	720 kg	720 kg	720 kg	
Zuläss. Gesamtgewicht	1100 kg	1100 kg	1100 kg	
Höchstgeschwindigkeit	142 km/h	152 km/h	152 km/h	
Beschleunigung 0–100 km/h	16 sec	15 sec	14 sec	
Verbrauch/100 km	8,5 Liter	8,5 Liter Super	9 Liter	
Kraftstofftank	36 Liter (vor Hinterachse)	36 Liter (vor Hinterachse)	36 Liter (vor Hinterachse)	

Audi

Star der Mittelklasse: Audi 80 (ab 1978)

Anfang September 1978 wurde der Audi 80 in völlig neuer Gestalt herausgebracht. Ende September kamen die ersten Wagen zu den Händlern und wenig später begann die Auslieferung der Viertüren-Limousinen an die Kundschaft. Die Zweitüren-Limousinen und der Typ GLE folgten im Frühjahr 1979.

Der neue Audi 80 übernahm im wesentlichen die Mechanik des Vorgängers, doch erhielt er einen längeren Radstand, eine breitere Spur und eine beträchtlich größere, sehr eindrucksvoll gezeichnete Karosserie. Freilich ist dieses statt-liche Automobil nunmehr mit dem 1,3 Liter-Motor etwas schwach motorisiert, wogegen die 75 PS und 85 PS des 1,6 Liters bestens seiner Statur entsprechen. Der Audi 80 GLE mit 110 PS-Einspritzmotor ist der Nachfolger des Audi 80 GTE, wobei die Umbenennung verdeutlicht, daß das Spitzenmodell dieser Baureihe nun nicht mehr hauptsächlich auf Sportlichkeit getrimmt ist, sondern sich als schneller, komfortabler Reisewagen präsentieren will.

In seiner äußeren Erscheinung sieht der neue Audi 80 dem Audi 100 zum Verwechseln ähnlich, obwohl zwischen bei-

den Typen ein nicht unbeträchtlicher Größenunterschied besteht. Vor allem die Viertüren-Limousine mit ihren sechs Seitenfenstern wirkt angenehm proportioniert, seriös und stattlich. Wie der frühere Audi 100, so hat nun der neue Audi 80 das Flair eines kleinen Mercedes. Eben dies dürfte wohl die wichtigste Erklärung dafür sein, wieso dieses Auto auf Anhieb zum Star der Mittelklasse wurde und dort sogar den seit 25 Jahren unangefochtenen Spitzenreiter, den Opel Rekord, auf Platz zwei verweisen konnte. Ansehnliche Optik, fortschrittliche Technik, gute Leistung, sichere Fahreigenschaften, Bequemlichkeit und Geräumigkeit, angemessener Kaufpreis und sparsamer Verbrauch, das sind wohl die Merkmale, die dem neuen Audi 80 zu seiner überragenden Marktposition verhelfen.

Preise	Audi 80 Li. 2 Türen 55 PS	Audi 80 L Li. 2 Türen 55 PS	Audi 80 L Li. 4 Türen 55 PS	Audi 80 LS Li. 4 Türen 75 PS	Audi 80 GLS Li. 4 Türen 85 PS	Audi 80 GLE Li. 4 Türen 110 PS
September 1978	DM 12295,–	DM 13165,–	DM 13735,–	DM 14285,–	DM 15525,–	DM 16910,–
August 1979	DM 12885,–	DM 13790,–	DM 14380,–	DM 14950,–	DM 16235,–	DM 17675,–
März 1980	DM 13510,–	DM 14455,–	DM 15075,–	DM 15675,–	DM 16680,–	DM 18530,–

Audi 80 L
Audi 80 LS
Limousine 2 Türen
ab 1978

Audi 80 GL
Limousine 4 Türen
ab 1978

Audi 80 L
Audi 80 LS
Limousine 4 Türen
ab 1979

Audi 80 GL
Limousine 4 Türen
ab 1978

Audi 80:
Armaturentafel,
Lenkrad, Schaltung,
vorderer Sitzraum

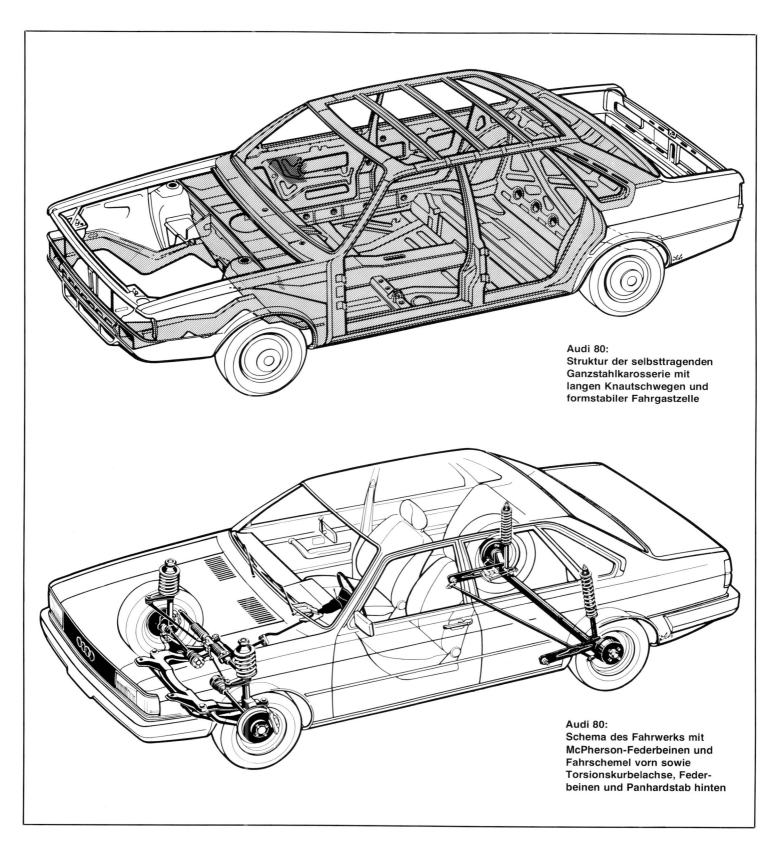

Audi 80:
Struktur der selbsttragenden
Ganzstahlkarosserie mit
langen Knautschwegen und
formstabiler Fahrgastzelle

Audi 80:
Schema des Fahrwerks mit
McPherson-Federbeinen und
Fahrschemel vorn sowie
Torsionskurbelachse, Feder-
beinen und Panhardstab hinten

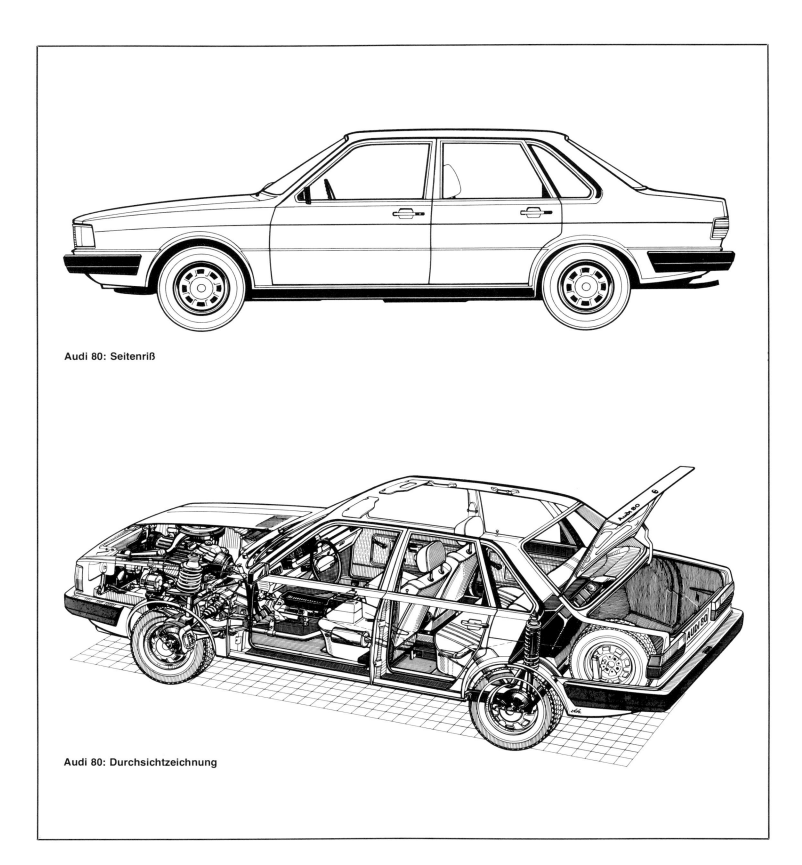

Audi 80: Seitenriß

Audi 80: Durchsichtzeichnung

104

	Audi 80 (L), GL Ab 1978	Audi 80 S, LS, GLS Ab 1978	Audi 80 LS, GLS Ab 1978	Audi 80 GLE Ab 1978	
Motor	Vergasermotor	Vergasermotor	Vergasermotor	Einspritzmotor	
Zylinderzahl	4 (Reihe)	4 (Reihe)	4 (Reihe)	4 (Reihe)	
Bohrung×Hub	75×72 mm	79,5×80 mm	79,5×80 mm	79,5×80 mm	
Hubraum	1272 (Steuer 1263) ccm	1588 (Steuer 1577) ccm	1588 (Steuer 1577) ccm	1588 (Steuer 1577) ccm	
Leistung	55 PS (40 kW) bei 5800 U/min Für bestimmte Exportländer: 60 PS (44 kW) bei 5800 U/min	75 PS (55 kW) bei 5600 U/min	85 PS (63 kW) bei 5600 U/min	110 PS (81 kW) bei 6100 U/min	
Drehmoment	9,2 mkg bei 3400 U/min Für bestimmte Exportländer: 9,5 mkg bei 3800 U/min	12,1 mkg bei 3200 U/min	12,7 mkg bei 3200 U/min	14,0 mkg bei 5000 U/min	
Verdichtung	1:8,2	1:8,2	1:8,2	1:9,5	
Vergaser	1 Fallstromvergaser Solex 35 PDSIT mit bzw. (ab Aug. 1979) ohne Startautomatik	1 Fallstromvergaser Solex 35 PDSIT mit Startautomatik	1 Fallstrom-Registervergaser Solex 32/35 TDID bzw. (ab August 1979) 2 B 2 mit Startautomatik	Mechanische Einspritzung Bosch K-Jetronic	
Ventile	Hängend Obenliegende Nockenwelle Antrieb durch Zahnriemen	Hängend Obenliegende Nockenwelle Antrieb durch Zahnriemen	Hängend Obenliegende Nockenwelle Antrieb durch Zahnriemen	Hängend Obenliegende Nockenwelle Antrieb durch Zahnriemen	
Kurbelwellenlager	5	5	5	5	
Kühlung	Pumpe (6,5 Liter Wasser)	Pumpe (6,5 Liter Wasser)	Pumpe (6,5 Liter Wasser)	Pumpe (6,5 Liter Wasser)	
Schmierung	Druckumlauf (3,5 Liter Öl)	Druckumlauf (3,5 Liter Öl)	Druckumlauf (3,5 Liter Öl)	Druckumlauf (3,5 Liter Öl)	
Batterie	12 V 36 Ah (im Motorraum)	12 V 36 oder 45 Ah (im Motorraum)	12 V 45 Ah (im Motorraum)	12 V 55 Ah (im Motorraum)	
Lichtmaschine	Drehstrom 490 W	Drehstrom 490 oder 770 W	Drehstrom 490 oder 770 W	Drehstrom 770 W	
Kraftübertragung	Frontantrieb. Motor (1,3 Liter um 9°, 1,6 Liter um 20° rechts seitlich geneigt) vor, Getriebe hinter der Vorderachse Bei 75 PS- und 85 PS-Motor wahlweise Schaltgetriebe oder Automatic				
Schaltung	Schaltstock Wagenmitte	Schaltstock Wagenmitte	Wählhebel Wagenmitte	Schaltstock Wagenmitte	
Kupplung	Einscheibentrockenkupplung	Einscheibentrockenkupplung	Hydraulischer Wandler +	Einscheibentrockenkupplung	
Getriebe	4 Gang	4 Gang	3 Gang-Planetengetriebe	4 Gang	
Synchronisierung	I–IV	I–IV	I–III	I–IV	
Übersetzungen	I. 3,455 II. 1,944 III. 1,286 IV. 0,909	I. 3,455 II. 1,944 III. 1,286 IV. 0,909	I. 2,552 II. 1,448 III. 1,000	I. 3,455 II. 1,944 III. 1,286 IV. 0,909	
Antriebs-Übersetzung	4,444	4,111	3,909	3,889	
Fahrwerk	Selbsttragende Ganzstahlkarosserie				
Vorderradaufhängung	McPherson-Federbeine, Querlenker, Schraubenfedern, Querstabilisator (nicht bei 1,3 Liter)				
Hinterradaufhängung	Starrachse, Längslenker, Panhardstab, Schraubenfedern				
Lenkung	Zahnstange (19,1:1), 3¾ Lenkraddrehungen				
Fußbremse	Diagonal-Zweikreis-Hydraulik, Servohilfe Scheibenbremsen vorn (239 mm ∅), Trommelbremsen hinten (180 mm ∅)				
Allgemeine Daten					
Radstand	2541 mm	2541 mm	2541 mm	2541 mm	
Spur vorn/hinten	1400/1420 mm	1400/1420 mm	1400/1420 mm	1400/1420 mm	
Gesamtmaße	4383×1682×1365 mm	4383×1682×1365 mm	4383×1682×1365 mm	4383×1682×1365 mm	
Felgen	5 J×13	5 J×13	5 J×13	5 J×13	
Reifen	155 SR 13	165 SR 13	175/70 SR 13	175/70 SR 13	
Wendekreis links/rechts	10,8/11,2 Meter	10,8/11,2 Meter	10,8/11,2 Meter	10,8/11,2 Meter	
Wagengewicht	Limousine 2 Türen 920 kg Limousine 4 Türen 930 kg	Limousine 2 Türen 960 kg Limousine 4 Türen 970 kg	Limousine 2 Türen 960 kg Limousine 4 Türen 970 kg	Limousine 2 Türen 980 kg Limousine 4 Türen 990 kg	
Zuläss. Gesamtgewicht	1370 kg	1410 kg	1410 kg	1410 kg	
Höchstgeschwindigkeit	146 km/h	160, Automatic 156 km/h	165, Automatic 161 km/h	182 km/h	
Beschleunigung 0–100 km/h	19 sec	14, Automatic 16 sec	12,5, Automatic 14,5 sec	11,5 sec	
Verbrauch/100 km	10,5 Liter	11, Automatic 12 Liter	11, Automatic 12 Liter	11,5 Liter Super	
Kraftstofftank	68 Liter (über Hinterachse)	68 Liter (über Hinterachse)	68 Liter (über Hinterachse)	68 Liter (über Hinterachse)	

Fünfte Dimension:
Audi 100 (ab 1976)

Galt der vorige Audi 100 weithin als Ersatz für einen derzeit nicht vorhandenen kleinen Mercedes, so hat diese Rolle inzwischen der neue Audi 80 übernommen. Der heutige Audi 100 hingegen, gewachsen an Statur und Leistung, geriet trotz seines etwas niedrigeren Preises bereits in den unmittelbaren Wettbewerb mit den Automobilen aus Stuttgart. Daß sich der Audi 100 dennoch überzeugend behauptet, spricht für den Markenruf und für die speziellen Qualitäten dieses Modells.

Anfang August 1976 wurde der neue Audi 100 vorgestellt, im September 1976 begann die Produktion der Viertüren-Limousine mit 1,6 und 2 Liter Vierzylinder-Vergasermotor. Ab Februar 1977 gab es auch die (selten gebliebene) Zwei-türen-Limousine, und ab April 1977 lief die leistungsstärkste Version des Audi 100 mit 136 PS Fünfzylinder-Einspritzmotor. Zunächst drei Ausstattungsvarianten standen zur Wahl, was manchem Kaufinteressenten die Entscheidung erschwert haben mag, zumal bereits das Basismo-

Preise Limousine 4 Türen	Audi 100 L 4 Zylinder 1600/85 PS Vergaser	Audi 100 LS 4 Zylinder 2000/115 PS Vergaser	Audi 100 GLS 4 Zylinder 2000/115 PS Vergaser	Audi 100 L5E 5 Zylinder 2200/136 PS Einspritzer	Audi 100 GL5E 5 Zylinder 2200/136 PS Einspritzer	
August 1976	DM 15 630,–	DM 16 090,–	DM 17 250,–	–	–	
März 1977	DM 16 400,–	DM 16 900,–	DM 18 210,–	DM 18 020,–	DM 19 350,–	
August 1977						
Avant	+ 600,–	+ 600,–	+ 600,–	+ 600,–	+ 600,–	
Servolenkung	–	+ 1 000,–	+ 1 000,–	+ 1 000	+ 1 000,–	
Automatic	+ 1 630,–	+ 1 630,–	+ 1 630,–	+ 1 630,–	+ 1 630,–	
		Audi 100 L5S 5 Zylinder 2200/115 PS Vergaser	Audi 100 GL5S 5 Zylinder 2200/115 PS Vergaser			
März 1978	DM 17 125,–	DM 17 950,–	DM 19 315,–	DM 19 025,–	DM 20 180,–	
Avant	+ 625,–	+ 625,–	+ 625,–	+ 625,–	+ 625,–	
Servolenkung	–	+ 930,–	+ 930,–	+ 930,–	+ 930,–	
Automatic	+ 1 700,–	+ 1 700,–	+ 1 700,–	+ 1 700,–	+ 1 700,–	
				Audi 100 CD5E 5 Zylinder 2200/136 PS Einspritzer	Audi 100 L5D 5 Zylinder 2000/70 PS Diesel	
August 1978				DM 22 690,–	DM 19 605,–	
Avant				+ 625,–	+ 625,–	
Servolenkung				im Preis	+ 930,–	
Automatic				+ 1 700,–		
August 1979	DM 18 005,–	DM 19 045,–	DM 20 465,–	DM 20 190,–	DM 24 875,–	DM 20 580,–
Avant	+ 650,–	+ 650,–	+ 650,–	+ 650,–	+ 650,–	+ 650,–
Servolenkung	–	+ 970,–	+ 970,–	+ 970,–	im Preis	+ 970,–
Automatic	+ 1 765,–	+ 1 765,–	+ 1 765,–	+ 1 765,–	+ 1 765,–	–
März 1980	DM 18 845,–	DM 19 935,–	DM 21 430,–	DM 21 130,–	DM 26 090,–	DM 21 420,–
Avant	+ 680,–	+ 680,–	+ 680,–	+ 680,–	+ 680,–	+ 680,–
Servolenkung	–	+ 1 020,–	+ 1 020,–	+ 1 020,–	im Preis	+ 1 020,–
Automatic	+ 1 850,–	+ 1 850,–	+ 1 850,–	+ 1 850,–	+ 1 850,–	–

dell mit allem wichtigen Zubehör versehen ist. Die technische Konzeption des Vormodells blieb beim Audi 100 erhalten, doch erregte die Einführung des Fünfzylindermotors beträchtliches Aufsehen. Während Experten die Vor- und Nachteile der außergewöhnlichen Bauart erörtern, hat davon unbeeindruckt das Publikum den Fünfzylinder längst akzeptiert, vielleicht sogar gerade wegen seiner ungeraden Zylinderzahl. Übrigens ist der sehr geräumige und recht große Wagen auch bereits mit dem 1,6 Liter Vierzylinder-Motor ausreichend motorisiert, wie die respektablen Fahrleistungen zeigen, die hier selbst mit Automatic noch erzielt werden.

(keineswegs jedermann willkommene) Rundum-Wärmeschutzverglasung und die (an sich für alle Audi 100 wünschenswerte) Servolenkung.

Oktober 1978: Als aufsehenerregende Neuheit erscheint der Audi 100 5 D mit 70 PS 2 Liter Fünfzylinder-Dieselmotor. Der Audi 100 Diesel ist zwar verhältnismäßig teuer bei der Anschaffung, dafür aber sparsam im Verbrauch. Kalt läuft der Motor arg unkultiviert, warm und bei hohem Dauertempo besticht er durch auffallende Manierlichkeit. Zum hohen Kaufpreis kommt als unerläßliche Sonderausstattung die Servolenkung hinzu.

August 1977: Als dritte Karosserie-Ausführung erscheint der Audi 100 Avant, eine Schrägheck-Kombilimousine mit vier Türen, großer Heckklappe und variablem Rücksitzraum. Es werden für alle Modelle 1978 der Audi 100-Baureihe weniger grelle Lackierungen, eine gediegenere Innenausstattung und eine allgemein bessere Verarbeitung angekündigt.

April 1978: Der Fünfzylinder-Motor wird von jetzt an nicht nur als Einspritzer, sondern auch in Vergaserausführung mit 115 PS Leistung geliefert. Ab August 1978 entfällt dafür der 115 PS Vierzylinder 2 Liter-Motor, der zwar etwas billiger war, aber einen ziemlich rauhen Lauf hatte.

August 1978: Als vierte, höchst komfortable und luxuriöse Wahlmöglichkeit wird die CD-Ausstattung eingeführt. Es gehören dazu Metallic-Lackierung, Leichtmetallräder, elektrische Fensterheber, Zentralverriegelung, Stereo-Radio, zusätzliche Details der Innenausstattung, grüne

August 1979: Im Zuge der Modellpflege mußte sich der Audi 100 einige äußere Modifikationen gefallen lassen, die erfreulicherweise sein Erscheinungsbild nur ganz unwesentlich verändern. Er erhielt breitere Scheinwerfer, andere Plastik-Ummantelungen der Stoßstangen, größere Heckleuchten. Die Nebelleuchten, serienmäßig bei den GL- und CD-Modellen, hängen nicht mehr unter der Stoßstange, sondern wurden in diese einbezogen. Im Wagen findet man eine besser ablesbare Instrumentenskala, ein anderes Lenkrad sowie neue Stoffe und Verkleidungen. Einzige technische Neuheit ist das für alle Fünfzylinder-Modelle als Sonderausstattung angebotene Economy-Fünfgang-Getriebe mit einem als Spar- und Schongang ausgelegten 5. Gang. Interessant, obgleich noch weiter verteuernd, vor allem für den Diesel.

Die Produktion des Audi 100 läuft hauptsächlich bei den früheren NSU-Werken in Neckarsulm, montiert wird er aber auch in Südafrika und in Nigeria.

Audi 100 GL 5E
Limousine 2 Türen
1976–1979

Audi 100 GL
Limousine 4 Türen
1976–1979

◁
◁

Audi 100 GLS
Limousine 4 Türen
1976–1978

Audi 100 L 5S
Limousine 4 Türen
1978–1979

Audi 100 GL 5E
Limousine 4 Türen
1976–1979

Audi 100 CD 5S
Audi 100 CD 5E
Audi 100 CD 5D
Limousine 4 Türen
1978–1979

Audi 100 Avant L 5E
Kombi-Limousine 4 Türen
1977–1979

Bild oben: Audi 100 L 5E
Limousine 2 Türen
ab 1979

Bild unten: Audi 100 L
Limousine 4 Türen
ab 1979

Audi 100 GL 5E
Limousine 4 Türen
ab 1979

Audi 100 Avant L
Kombi-Limousine 4 Türen
ab 1979

Audi 100 Avant CD 5S
Kombi-Limousine 4 Türen
ab 1979

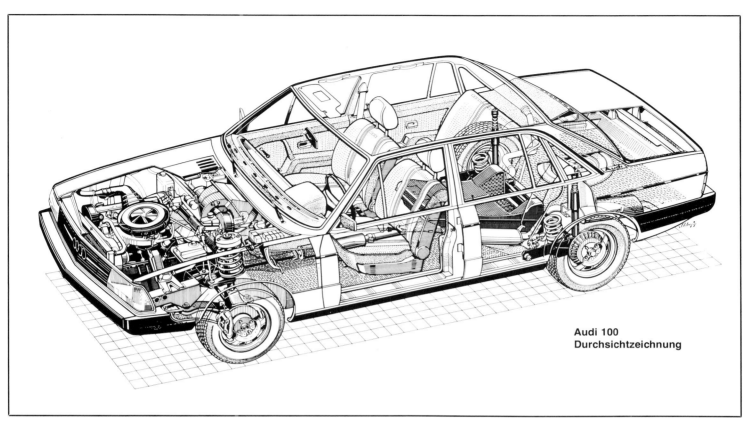

**Audi 100
Durchsichtzeichnung**

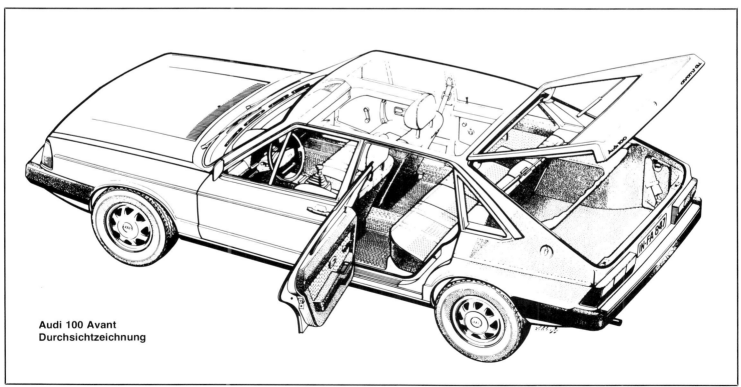

**Audi 100 Avant
Durchsichtzeichnung**

Audi 100 GL: Armaturentafel 1976–1979

Audi 100 GL: Armaturentafel ab 1979

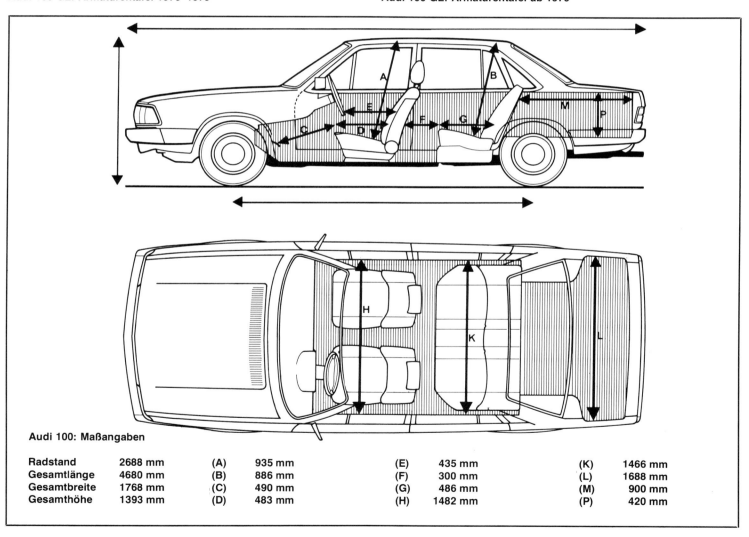

Audi 100: Maßangaben

Radstand	2688 mm	(A)	935 mm	(E)	435 mm	(K)	1466 mm
Gesamtlänge	4680 mm	(B)	886 mm	(F)	300 mm	(L)	1688 mm
Gesamtbreite	1768 mm	(C)	490 mm	(G)	486 mm	(M)	900 mm
Gesamthöhe	1393 mm	(D)	483 mm	(H)	1482 mm	(P)	420 mm

Audi 100: Fünfzylinder-Vergasermotor

Audi 100: Fünfzylinder-Einspritzmotor

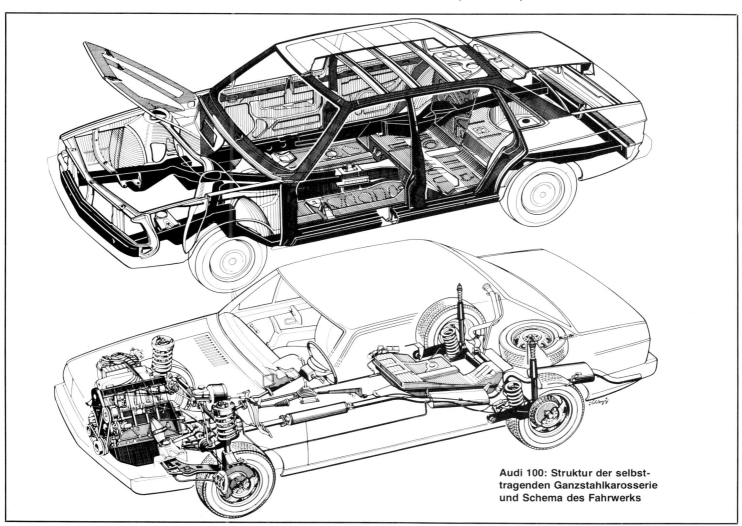

**Audi 100: Struktur der selbsttragenden Ganzstahlkarosserie
und Schema des Fahrwerks**

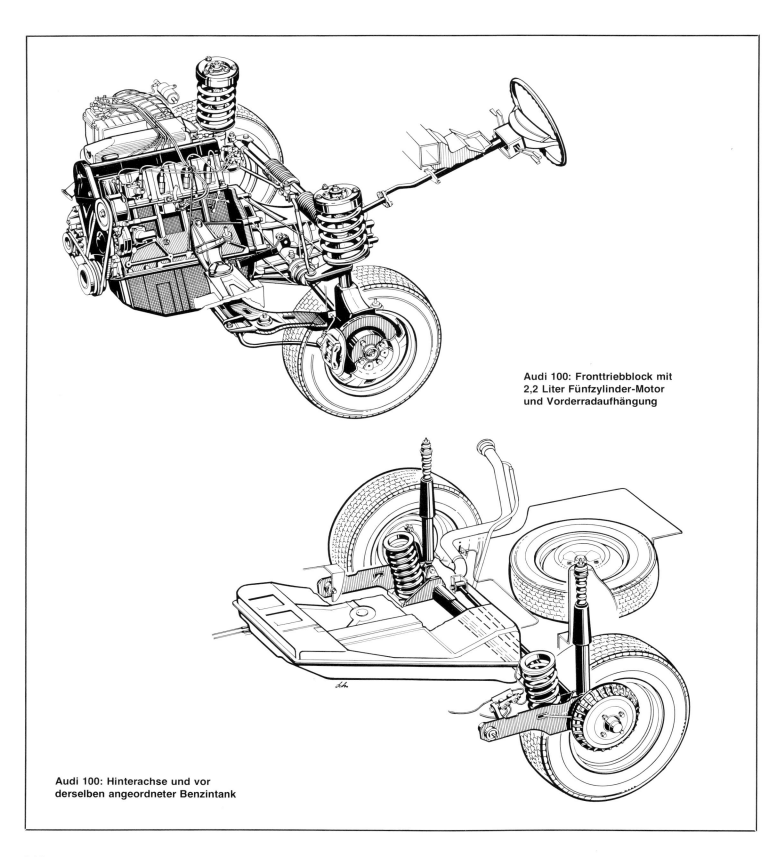

**Audi 100: Fronttriebblock mit
2,2 Liter Fünfzylinder-Motor
und Vorderradaufhängung**

**Audi 100: Hinterachse und vor
derselben angeordneter Benzintank**

	Audi 100 (L), GL Ab 1976 Audi 100 Avant L, GL Ab 1977	Audi 100 S, LS, GLS 1976–1978 Audi 100 Avant LS, GLS 1977–1978	
Motor	Vergasermotor	Vergasermotor	
Zylinderzahl	4 (Reihe)	4 (Reihe)	
Bohrung×Hub	79,5×80 mm	86,5×84,4 mm	
Hubraum	1588 (Steuer 1577) ccm	1984 (Steuer 1960) ccm	
Leistung	85 PS (63 kW) bei 5600 U/min	115 PS (85 kW) bei 5500 U/min	
Drehmoment	12,4 mkg bei 3200 U/min	16,8 mkg bei 3500 U/min	
Verdichtung	1:8,2	1:9,3	
Vergaser	1 Fallstrom-Registervergaser Solex 2 B 2 mit Startautomatik	1 Fallstrom-Registervergaser Solex 2 B 3 mit Startautomatik	
Ventile	Hängend Obenliegende Nockenwelle Antrieb durch Zahnriemen	Hängend Obenliegnde Nockenwelle Antrieb durch Zahnriemen	
Kurbelwellenlager	5	5	
Kühlung	Pumpe (7 Liter Wasser)	Pumpe (7,5 Liter Wasser)	
Schmierung	Druckumlauf (3,5 Liter Öl)	Druckumlauf (5 Liter Öl)	
Batterie	12 V 45 Ah bzw. (bei Automatic) 54 Ah (im Motorraum)	12 V 63 Ah bzw. (bei 100 S mit Schaltgetriebe) 54 Ah (im Motorraum)	
Lichtmaschine	Drehstrom 55, 65 oder 75 Amp.	Drehstrom 55 Amp.	
Kraftübertragung	Frontantrieb. Motor (um 20° rechts seitlich geneigt) vor, Getriebe hinter der Vorderachse		
Kupplung	Einscheibentrockenkupplung		
Schaltung	Schaltstock Wagenmitte		
Getriebe	4 Gang		
Synchronisierung	I–IV		
Übersetzungen	I. 3,454 II. 1,944 III. 1,286 IV. 0,909	I. 3,600 II. 2,125 III. 1,360 IV. 0,967	
	Auf Wunsch: Automatic (VW) Hydraulischer Wandler + 3 Gang-Planetengetriebe. Wählhebel Wagenmitte I. 2,552, II. 1,448, III. 1,00. Wandler 2,2-fach		
Antriebs-Übersetzung	4,444, Automatic 3,727	3,889, Automatic 3,727	
Fahrwerk	Selbsttragende Ganzstahlkarosserie		
Vorderradaufhängung	McPherson-Federbeine, Querlenker, Schraubenfedern, Querstabilisator		
Hinterradaufhängung	Rohr-Starrachse (Torsionskurbelachse), Längslenker, Schraubenfedern, Torsionsstab		
Lenkung	Zahnstange	Zahnstange Auf Wunsch Servohilfe	
Fußbremse	Diagonal-Zweikreis-Hydraulik, Servohilfe Scheibenbremsen vorn (257 mm ∅), Trommelbremsen hinten		
Allgemeine Daten			
Radstand	2677 mm	2677 mm	
Spur vorn/hinten	1470/1445 mm	1470/1445 mm	
Gesamtmaße	4695 (Avant 4607)×1768×1390 mm	4695 (Avant 4607)×1768×1390 mm	
Felgen	5½ J×14 Stahl oder 6 J×14 Leichtmetall	5½ J×14 Stahl oder 6 J×14 Leichtmetall	
Reifen	165 SR 14 oder 185/70 HR 14	165 SR 14 oder 185/70 HR 14	
Wendekreis links/rechts	11,5/11,6 Meter	11,5/11,6 Meter	
Wagengewicht	1110 kg	1150 kg	
Zuläss. Gesamtgewicht	1570 kg	1610 kg	
Höchstgeschwindigkeit	160, Automatic 156 km/h	179, Automatic 175 km/h	
Beschleunigung 0–100 km/h	13,5, Automatic 16,5 sec	11, Automatic 12,5 sec	
Verbrauch/100 km	12, Automatic 13 Liter Normal	13, Automatic 14 Liter Normal	
Kraftstofftank	60 Liter (vor Hinterachse)	60 Liter (vor Hinterachse)	

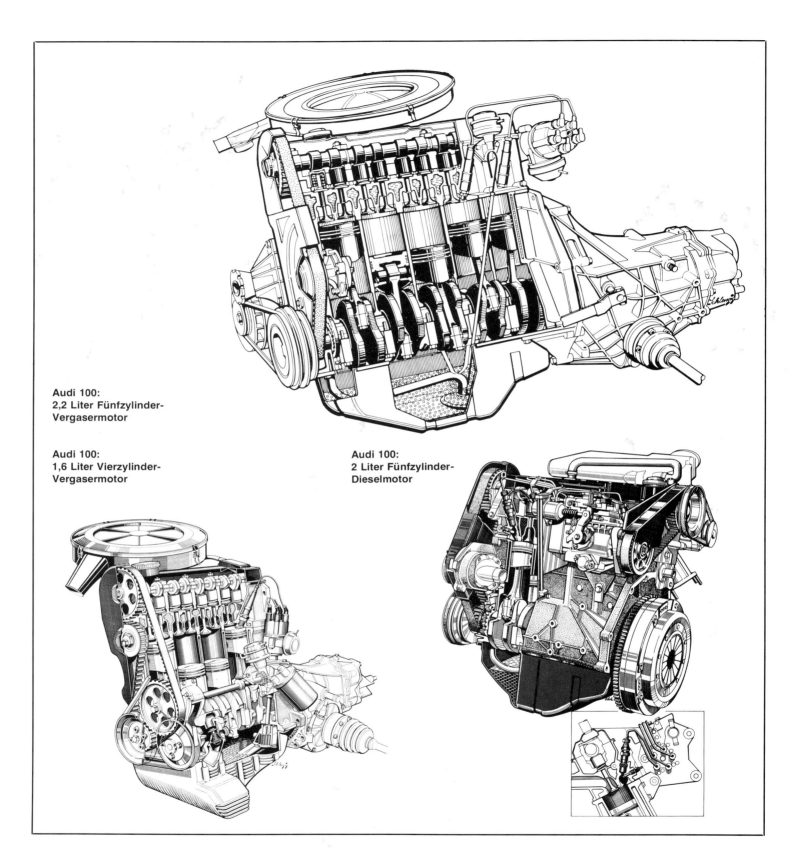

Audi 100:
2,2 Liter Fünfzylinder-
Vergasermotor

Audi 100:
1,6 Liter Vierzylinder-
Vergasermotor

Audi 100:
2 Liter Fünfzylinder-
Dieselmotor

120

	Audi 100 5S, L5S, GL5S, CD5S Ab 1978 Audi 100 Avant L5S, GL5S, CD5S Ab 1978	Audi 100 5E, L5E, GL5E, CD5E Ab 1976 Audi 100 Avant L5E, GL5E, CD5E Ab 1977	Audi 100 5D, L5D, GL5D, CD5D Ab 1978 Audi 100 Avant L5D, GL5D, CD5D Ab 1978	
Motor				
Zylinderzahl	Vergasermotor	Einspritzmotor	Wirbelkammer-Dieselmotor	
Bohrung×Hub	5 (Reihe)	5 (Reihe)	5 (Reihe)	
Hubraum	79,5×86,4 mm	79,5×86,4 mm	76,5×86,4 mm	
Leistung	2144 (Steuer 2119) ccm	2144 (Steuer 2119) ccm	1986 (Steuer 1962) ccm	
Drehmoment	115 PS (85 kW) bei 5500 U/min	136 PS (100 kW) bei 5700 U/min	70 PS (51 kW) bei 4800 U/min	
Verdichtung	16,6 mkg bei 4000 U/min	18,5 mkg bei 4200 U/min	12,9 mkg bei 3000 U/min	
Vergaser bzw.	1:8,3	1:9,3	1:23,0	
Einspritzung	1 Fallstrom-Registervergaser	Mechanische Einspritzung	Bosch Diesel-Einspritzpumpe	
Ventile	Solex 2 B 2 mit Startautomatik	Bosch K-Jetronic		
	Hängend	Hängend	Hängend	
	Obenliegende Nockenwelle	Obenliegende Nockenwelle	Obenliegende Nockenwelle	
	Antrieb durch Zahnriemen	Antrieb durch Zahnriemen	Antrieb durch Zahnriemen	
Kurbelwellenlager	6	6	6	
Kühlung	Pumpe (8,1 Liter Wasser)	Pumpe (8,1 Liter Wasser)	Pumpe (8,1 Liter Wasser)	
Schmierung	Druckumlauf (4,5 Liter Öl)	Druckumlauf (5 Liter Öl)	Druckumlauf (5 Liter Öl)	
Batterie	12 V 63 Ah (im Motorraum)	12 V 63 Ah (im Motorraum)	12 V 68 Ah (im Motorraum)	
Lichtmaschine	Drehstrom 65 oder 75 Amp.	Drehstrom 65 oder 75 Amp.	Drehstrom 88 Amp.	
Kraftübertragung	Frontantrieb. Motor (um 20° rechts seitlich geneigt) vor, Getriebe hinter der Vorderachse			
Kupplung	Einscheibentrockenkupplung			
Schaltung	Schaltstock Wagenmitte			
Getriebe	4 Gang oder (ab August 1979 auf Wunsch) 5 Gang			
Synchronisierung	I–IV bzw. I–V			
Übersetzungen	4 Gang: I. 3,600, II. 1,941, III. 1,231, IV. 0,903 (Diesel 0,857)			
	5 Gang: I. 3,600, II. 1,941, III. 1,231, IV. 0,903 (Diesel 0,857), V. 0,684			
	Auf Wunsch: Automatic (VW)			
	Hydraulischer Wandler + 3 Gang-Planetengetriebe, Wählhebel Wagenmitte			
	I. 2,552, II. 1,448, III. 1,00, Wandler 2,2-fach			
Antriebs-Übersetzung	3,889, Automatic 3,727		4 Gang: 4,300, 5 Gang: 4,778	
Fahrwerk	Selbsttragende Ganzstahlkarosserie			
Vorderradaufhängung	McPherson-Federbeine, Querlenker, Schraubenfedern, Querstabilisator			
Hinterradaufhängung	Rohr-Starrachse (Torsionskurbelachse), Längslenker, Schraubenfedern, Torsionsstab			
Lenkung	Zahnstange. Auf Wunsch bzw. (bei CD-Ausstattung) Serie: Servohilfe			
Fußbremse	Diagonal-Zweikreis-Hydraulik, Servohilfe			
	Scheibenbremsen vorn (257 mm ∅), Trommelbremsen hinten			
Allgemeine Daten				
Radstand	2877 mm	2877 mm	2877 mm	
Spur vorn/hinten	1470/1445 mm	1470/1445 mm	1470/1445 mm	
Gesamtmaße	4695×1768×1390 mm	4695×1768×1390 mm	4695×1368×1390 mm	
	Avant: 4607×1768×1390 mm	Avant: 4607×1768×1390 mm	Avant: 4607×1768×1390 mm	
Felgen	5½ J×14 Stahl oder	5½ J×14 Stahl oder	5½ J×14 Stahl oder	
	6 J×14 Leichtmetall	6 J×14 Leichtmetall	6 J×14 Leichtmetall	
Reifen	165 SR 14 oder 185/70 SR 14	185/70 SR 14	185/70 SR 14	
Wendekreis links/rechts	11,5/11,6 Meter	11,5/11,6 Meter	11,5/11,6 Meter	
Wagengewicht	1170 kg	1210 kg	1240 kg	
Zuläss. Gesamtgewicht	1630 kg	1700 kg	1670 kg	
Höchstgeschwindigkeit	177, Automatic 172 km/h	190, Automatic 185 km/h	150 km/h	
Beschleunigung 0–100 km/h	11,5, Automatic 13 sec	10, Automatic 11,5 sec	19 sec	
Verbrauch/100 km	14, Automatic 14,5 Liter Normalbenzin	14, Automatic 14,5 Liter Super	11 Liter Diesel	
Kraftstofftank	60 Liter (vor Hinterachse)	60 Liter (vor Hinterachse)	60 Liter (vor Hinterachse)	
		USA-Ausführung: Audi 5000 Verdichtung 1:8 (Normalbenzin) 108 PS (79,5 kW) bei 5300 U/min 16,3 mkg bei 4000 U/min Ab Anfang 1979: 5 Gang-Getriebe und 75 Liter-Tank		

Mit eingebautem Rückenwind:
Audi 200 (ab 1979)

Audi 200 heißt das neue Spitzenmodell der Ingolstädter Automobilbauer. Vorgestellt wurde es im September 1979, die Auslieferung begann im Februar 1980. Der Audi 200 ist vom Audi 100 abgeleitet, von dem er sich äußerlich durch einige Zusatzausrüstungen unterscheidet. Es gibt zwei Versionen, nämlich den Audi 200 5 E mit dem gleichen 136 PS 2,2 Liter Fünfzylinder-Einspritzmotor, der sich bereits seit Jahren im Audi 100 5E bewährte, und den Audi 200 5T, bei welchem dieses Triebwerk mittels Abgas-Turbolader die stolze Nennleistung von 170 PS erbringt. Außerdem bewirkt die Abgas-Turbine eine wesentliche Verbesserung der Laufkultur. Serienmäßig wird der Audi 200 5E mit Economy-Fünfganggetriebe, der 5T mit sportlich abgestuftem Fünfganggetriebe geliefert, beide außerdem wahlweise mit Automatic. Zur äußerst luxuriösen und reichhaltigen Serienausstattung beider Modelle gehören 15″-Leichtmetallräder, Doppel-Rechteck-Scheinwerfer mit Reinigungsanlage, Vierspeichenlenkrad, Servolenkung, Zentralverriegelung sowie die besonders gediegene Ausstaffierung des Wageninneren.

Preise Limousine 4 Türen	Audi 200 5E 5 Zylinder 2200/136 PS Einspritzer	Audi 200 5T 5 Zylinder 2200/170 PS Turbo-Einspritzer
September 1979	DM 27 875,–	DM 30 550,–
Automatic	+ 1 765,–	+ 1 765,–
Schiebedach	+ 1 230,–	+ 1 230,–
März 1980	DM 29 200,–	DM 32 000,–
Automatic	+ 1 850,–	+ 1 850,–
Schiebedach	+ 1 300,–	+ 1 300,–

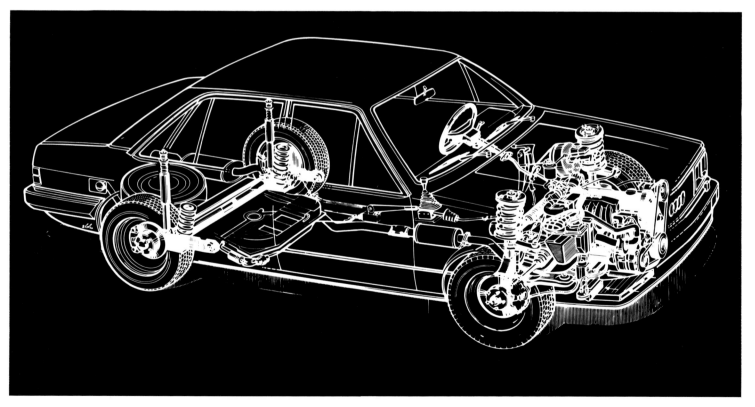

	Audi 200 5E Ab 1979	Audi 200 5T Ab 1979	
Motor	Einspritzmotor	Einspritzmotor mit Abgas-Turboaufladung	
Zylinderzahl	5 (Reihe)	5 (Reihe)	
Bohrung×Hub	79,5×86,4 mm	79,5×86,4 mm	
Hubraum	2144 (Steuer 2119) ccm	2144 (Steuer 2119) ccm	
Leistung	136 PS (100 kW) bei 5700 U/min	170 PS (125 kW) bei 5300 U/min	
Drehmoment	18,5 mkg bei 4200 U/min	20,5 mkg bei 3300 U/min	
Verdichtung	1:9,3	1:7,0	
Einspritzung	Mechanische Einspritzung Bosch K-Jetronic	Mechanische Einspritzung Bosch K-Jetronic + 1 Abgas-Turbolader KKK Flügelrad-Arbeitstempo 100 000 U/min Max. Ladedruck 0,82 bar bei 3000 U/min	
Ventile	Hängend Obenliegende Nockenwelle Antrieb durch Zahnriemen	Hängend Obenliegende Nockenwelle Antrieb durch Zahnriemen	
Kurbelwellenlager	6	6	
Kühlung	Pumpe (8,1 Liter Wasser)	Pumpe (8,1 Liter Wasser)	
Schmierung	Druckumlauf (4,5 Liter Öl)	Druckumlauf (4,5 Liter Öl)	
Batterie	12 V 63 Ah (im Motorraum)	12 V 63 Ah (im Motorraum)	
Lichtmaschine	Drehstrom 75 Amp.	Drehstrom 75 Amp.	
Kraftübertragung	Frontantrieb. Motor (um 20° rechts seitlich geneigt) vor, Getriebe hinter der Vorderachse		
Kupplung	Einscheibentrockenkupplung		
Schaltung	Schaltstock Wagenmitte		
Getriebe	5 Gang		
Synchronisierung	I–V		
Übersetzungen	I. 3,600 II. 1,941 III. 1,231 IV. 0,903 V. 0,684	I. 3,600 II. 2,125 III. 1,360 IV. 0,967 V. 0,829	
	Auf Wunsch: Automatic (VW) Hydraulischer Wandler + 3 Gang-Planetengetriebe, Wählhebel Wagenmitte I. 2,552, II. 1,448, III. 1,00, Wandler 2,2-fach		
Antriebs-Übersetzung	3,889, Automatic 3,727	3,889, Automatic 3,727	
Fahrwerk	Selbsttragende Ganzstahlkarosserie		
Vorderradaufhängung	McPherson-Federbeine, Querlenker, Schraubenfedern, Querstabilisator		
Hinterradaufhängung	Rohr-Starrachse (Torsionskurbelachse), Längslenker, Schraubenfedern, Torsionsstab		
Lenkung	Zahnstange, Servohilfe		
Fußbremse	Diagonal-Zweikreis-Hydraulik, Servohilfe Scheibenbremsen vorn 280 mm ⌀, hinten 245 mm ⌀		
Allgemeine Daten			
Radstand	2677 mm	2677 mm	
Spur vorn/hinten	1475/1453 mm	1475/1453 mm	
Gesamtmaße	4695×1768×1390 mm	4695×1768×1390 mm	
Felgen	6 J×15 Leichtmetall	6 J×15 Leichtmetall	
Reifen	205/60 HR 15	205/60 HR 15	
Wendekreis links/rechts	11,6/11,7 Meter	11,6/11,7 Meter	
Wagengewicht	1260 kg	1260 kg	
Zuläss. Gesamtgewicht	1765 kg	1765 kg	
Höchstgeschwindigkeit	188, Automatic 183 km/h	202, Automatic 200 km/h	
Beschleunigung 0–100 km/h	11, Automatic 12,5 sec	9, Automatic 10 sec	
Verbrauch/100 km	14, Automatic 14,5 Liter Super	15, Automatic 16 Liter Super	
Kraftstofftank	75 Liter (vor Hinterachse)	75 Liter (vor Hinterachse)	

Audi 200 5T
Fahrersitz

Audi 200 5T
Turbo-Einspritzmotor

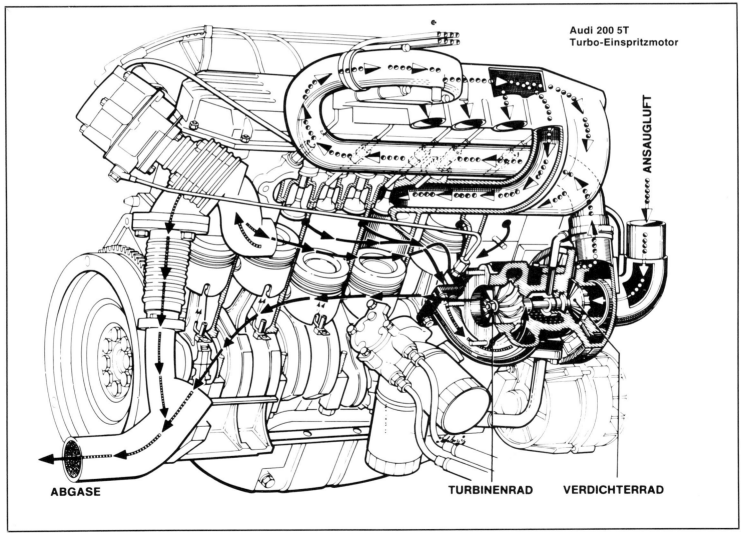

Audi 200 5T
Turbo-Einspritzmotor

ANSAUGLUFT

ABGASE

TURBINENRAD

VERDICHTERRAD

Audi 200 5E
Audi 200 5T
Limousine 4 Türen
ab 1979

Auf allen Vieren:
Audi Quattro (ab 1980)

Mit einem wahrhaft außergewöhnlichen Automobil sorgt Audi für die Attraktion des Genfer Salons im März 1980: dem Audi Quattro, einem schnellen Sport-Coupé mit Allrad-Antrieb. Diese bislang nur bei Geländewagen gebräuchliche Antriebsart findet man hier, so man vom nicht mehr gebauten Jensen FF aus England absieht, zum erstenmal bei einem schnellen, leistungsstarken Serien-Automobil. Entwickelt wurde der Quattro auf der Basis des Audi 80, und den Anlaß dazu hatte gegeben, daß dessen Frontantrieb die hohen, im heutigen Rallyesport erforderlichen Motorleistungen nicht mehr effizient genug zu verwerten vermochte. So lag es wohl fast nahe, den Vierrad-Antrieb zu versuchen, zumal das Werk damit vom DKW Munga und VW Iltis her reiche Erfahrungen besaß. Die völlig andere Verwendung freilich gebot wohlüberlegte Modifikationen. Im März 1977 lief versuchsweise der erste Audi 80 mit Vierrad-Antrieb. Von Haus aus waren hierfür bei diesem Typ günstige Voraussetzungen gegeben: Längs eingebauter Motor vor, längs angeflanschtes Getriebe hinter der Vorderachse, hochliegende Lenkung, Kraftstofftank über der Hinterachse. Dabei konnten für den Quattro hinten weitgehend die gleichen Fahrwerks- und Antriebselemente verwendet werden wie vorn. Der Vierrad-Antrieb erfolgt permanent, kann also nicht zu- oder abgeschaltet werden. Ein in das Getriebe integriertes Zwischendifferential verteilt die Zugkraft annähernd ausgeglichen auf den Vorder- und Hinterachsantrieb. Zur Überwindung extremer Fahrzustände können sowohl das Zwischen- als auch das Hinterachsdifferential gesperrt werden, nicht dagegen die Vorderachse, weil damit die Lenkfähigkeit des Wagens beeinträchtigt würde. Zum Antrieb des Quattro dient der 2,2 Liter Fünfzylinder Turbo-Einspritzmotor samt dem Fünfganggetriebe des Audi 200 5T, wobei hier die Leistung durch eine spezielle Ladeluftkühlung in Verbindung mit der vollelektronischen Transistorzündung nochmals beträchtlich auf 200 PS gesteigert werden konnte. Ferner wurden vom Audi 200 5T die 15 Zoll-Leichtmetallräder sowie die vorderen und hinteren Scheibenbremsen übernommen. Im Gegensatz zu den voluminösen

Hochgeschwindigkeitsreifen befindet sich im Kofferraum nur ein schmales, platzsparendes Notrad, das aber bei Reifenpannen für die Fahrt zur nächsten Werkstätte genügt. Außen und innen ist der Audi Quattro großzügigst ausgestattet, indes wird der Preis dafür sorgen, daß dieser technisch bisher einzigartige Luxus-Sportwagen einem exklusiven Kreis wohlhabender Kenner und Liebhaber vorbehalten bleibt. Ob er in die Geschichte des deutschen Automobilbaus als Schrittmacher oder als Außenseiter eingeht, das wird allerdings erst die Zukunft zeigen müssen.

Audi Quattro
Leistungs- und Drehmoment-Kurve
des 2,2-Liter-Fünfzylinder-Turbo-Einspritzmotors

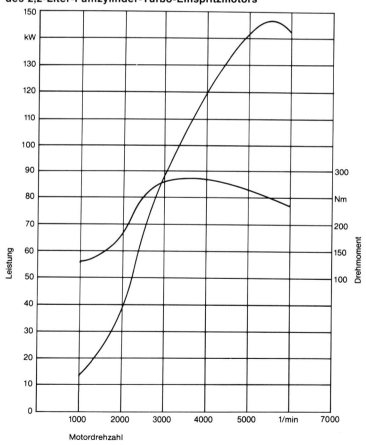

	Audi Quattro **ab 1980**	
Motor	Einspritzmotor mit Abgas-Turboaufladung und Ladeluftkühlung	
Zylinderzahl	5 (Reihe)	
Bohrung×Hub	79,5×86,4 mm	
Hubraum	2144 (Steuer 2119) ccm	
Leistung	200 PS (147 kW) bei 5500 U/min	
Drehmoment	28,5 mkg bei 3500 U/min	
Verdichtung	1:7,0	
Einspritzung	Mechanische Einspritzung Bosch K-Jetronic	
	+ 1 Abgas-Turbolader KKK + 1 Ladeluftkühler	
Ventile	Hängend	
	Obenliegende Nockenwelle	
	Antrieb durch Zahnriemen	
Kurbelwellenlager	6	
Kühlung	Pumpe, 9,3 Liter Wasser	
Schmierung	Druckumlauf, 4 Liter Öl	
Zündung	Vollelektronische Transistorzündung	
	mit Ladelufttemperatur- und Kennfeldsteuerung	
Batterie	12 V 63 Ah (hinter Fahrersitz)	
Lichtmaschine	Drehstrom 75 Amp.	
Kraftübertragung	Permanenter Allrad-Antrieb	
	Motor (rechts seitlich geneigt) vor, Getriebe hinter der Vorderachse	
	Zwischendifferential und Hinterachsdifferential sperrbar	
Kupplung	Einscheibentrockenkupplung	
Schaltung	Schaltknüppel Wagenmitte	
Getriebe	5 Gang	
Synchronisierung	I–V	
Übersetzungen	I. 3,600	
	II. 2,125	
	III. 1,360	
	IV. 0,967	
	V. 0,778	
Antriebs-Übersetzung	vorn und hinten 3,889	
Fahrwerk	Selbsttragende Ganzstahlkarosserie	
Vorderradaufhängung	McPherson-Federbeine, Querlenker, Schraubenfedern, Querstabilisator	
Hinterradaufhängung	McPherson-Federbeine, Querlenker, Schraubenfedern, Querstabilisator	
Lenkung	Zahnstange, Servohilfe	
Fußbremse	Zweikreis-Hydraulik (Aufteilung vorn und hinten), Servohilfe	
	Scheibenbremsen vorn 280 mm ∅, hinten 245 mm ∅	
Handbremse	Seilzug, Hinterräder	
Allgemeine Daten		
Radstand	2524 mm	
Spur vorn/hinten	1421/1458 mm	
Gesamtmaße	4404×1723×1344 mm	
Felgen	6 J×15 Leichtmetall	
Reifen	265/60 VR 15	
Wendekreis	ca. 11,3 Meter	
Wagengewicht	1290 kg	
Zuläss. Gesamtgewicht	1760 kg	
Höchstgeschwindigkeit	über 220 km/h	
Beschleunigung 0–100 km/h	7,5 sec	
Verbrauch/100 km	ca. 13 Liter Super	
Kraftstofftank	92 Liter (über Hinterachse)	

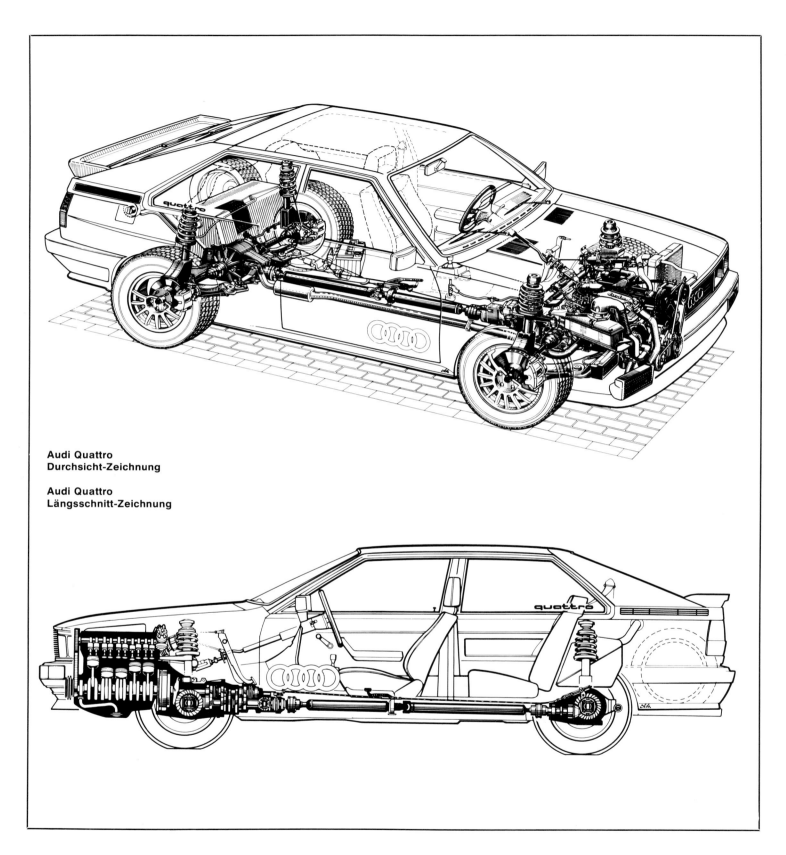

Audi Quattro
Durchsicht-Zeichnung

Audi Quattro
Längsschnitt-Zeichnung

**Audi Quattro
Sport-Coupé
ab 1980**

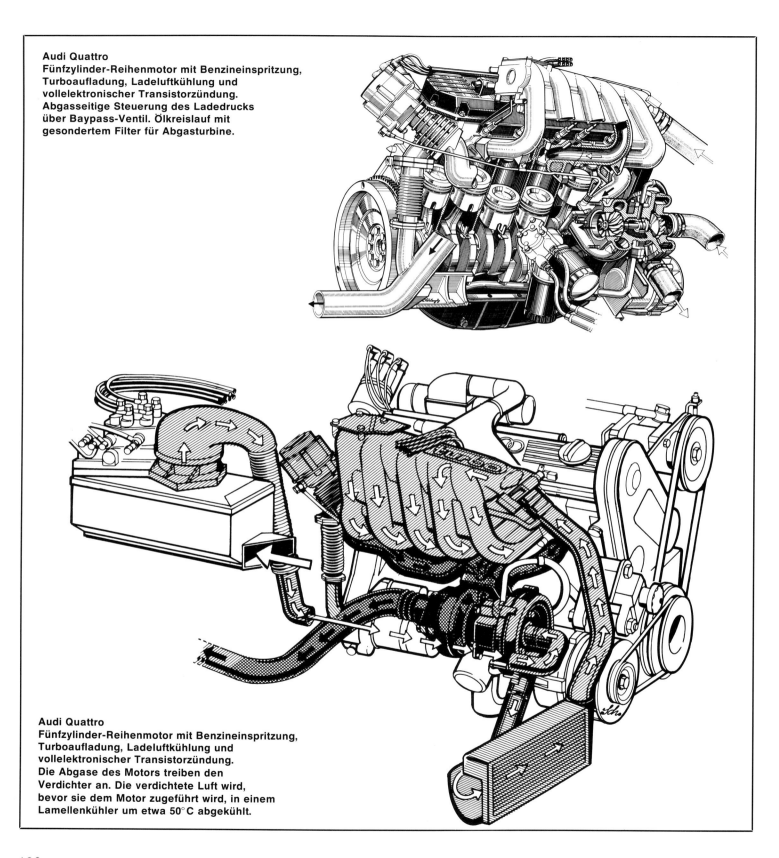

Audi Quattro
Fünfzylinder-Reihenmotor mit Benzineinspritzung,
Turboaufladung, Ladeluftkühlung und
vollelektronischer Transistorzündung.
Abgasseitige Steuerung des Ladedrucks
über Baypass-Ventil. Ölkreislauf mit
gesondertem Filter für Abgasturbine.

Audi Quattro
Fünfzylinder-Reihenmotor mit Benzineinspritzung,
Turboaufladung, Ladeluftkühlung und
vollelektronischer Transistorzündung.
Die Abgase des Motors treiben den
Verdichter an. Die verdichtete Luft wird,
bevor sie dem Motor zugeführt wird, in einem
Lamellenkühler um etwa 50°C abgekühlt.

Audi 1934 und Audi 1980

Wieviel Fortschritt brachten 46 Jahre Automobilbau? Der Vergleich zwischen einem Audi 1934 und einem Audi 100 von heute könnte da ein wenig Aufschluß geben. Gemeinsam haben beide Autos den Frontantrieb und den mit ungefähr 2,2 Liter Inhalt etwa gleich großen Motor. Nach Bauart und Größenordnung sind sie also gut vergleichbar.

Wie hat sich doch die Form gewandelt! Das Schönheitsideal von damals war die gepfeilte Form, die lange Haube, die geschwungenen Kotflügel, das freistehende Reserverad. Noch heute schlägt einem das Herz höher angesichts solcher Autos. Aber die Welt ist inzwischen nüchterner und sachlicher geworden.

Was heute die Keilform, war damals die Pfeilform. Vom schmalen Kühler wurden die Autos nach hinten zu allmählich breiter. Demnach ging es auf den Vordersitzen recht eng zu, erst hinten wurde die Wagenbreite annähernd ausgenutzt. Im heutigen Auto ist auf den Vordersitzen fast ein halber Meter mehr seitliche Bewegungsfreiheit geboten, und auch der Rücksitz hat an Breite gewonnen.

Dennoch: Mehr wie heute fühlt man sich im Fond des Jahrgangs 1934 noch als verwöhnter Fahrgast. Fast aufrecht kann das Auto bestiegen werden. Vor allem aber sitzt man während der Fahrt bequem mit ausgestreckten Beinen und, wer will, mit dem Hut auf dem Kopf. Schließlich

hatte der alte Audi einen Radstand von 3,10 Metern, dafür aber fast keine Überhänge. Für moderne Verhältnisse sind die 2,68 Meter, die der Audi 100 zwischen Vorder- und Hinterachse mißt, schon ziemlich viel. Aber man hat eben inzwischen, was Platzausnützung und Raumökonomie betrifft, enorm dazugelernt.

So thront beim alten Audi der mächtige Sechszylindermotor hinter der Vorderachse, während heute ein kompakter Fünfzylinder schräg unter der flachen Haube im vorderen Überhang untergebracht ist. Dafür hat der 1934er ein Kofferräumchen, das gerade für ein paar Aktentaschen reicht, der Audi 100 aber ein Gepäckraum-Volumen von 642 Litern!

Wollen wir doch mal unseren Veteranen fahren. Auch vorn ist der Einstieg bequem, doch sitzt man steil und etwas eingeklemmt hinter dem großen Lenkrad. Der fast 50 Jahre alte Motor verhilft nur noch keuchend zu gemächlicher Fortbewegung. Beim Hochschalten verlangt das Getriebe lange Pausen mit Zwischenkuppeln, beim Herunterschalten wohldosiertes Zwischengas. Überraschenderweise wird ein auch für heutige Begriffe respektabler Fahrkomfort geboten. Die »Schwingachsen« des Audi waren eine höchst neuzeitliche Errungenschaft, ebenso trugen der lange Radstand und das stattliche Gewicht des Wagens zur ordentlichen Straßenlage bei. Außerdem läßt sich die Abstimmung des Federsystems für ein Auto, das nur wenig über 100 km/h läuft, leichter bewerkstelligen als für ein doppelt so schnelles. Der Frontantrieb bei einem Fahrzeug der gehobenen Mittelklasse galt zwar damals als eine Pioniertat der Auto Union, doch in Verbindung mit dem klotzigen Motor und den seinerzeit verfügbaren Antriebsgelenken ergab sich eine schwergängige Lenkung. Immerhin arbeitet sie exakt und das Auto läuft sauber geradeaus. Von der bemerkenswerten Güte der Instrumente zeugt die Uhr, die noch so genau läuft wie einst im Mai. Eine Heizung gab es nicht. Dafür war die Belüftung des Wagens bei sommerlichem Wetter zwar primitiver, aber kaum weniger wirksam als bei den heutigen komplizierten und deshalb unnötig teuren Lüftungsanlagen. Beim Audi von 1934 ließ man durch eine Klappe vor der Frontscheibe Frischluft in jeder beliebigen Menge herein, und wem das noch nicht genügte, der konnte die ganze Frontscheibe hochstellen.

Wenn einer heute so einen alten Audi fährt oder fahren sieht, könnte freilich einen völlig falschen Eindruck gewinnen. Zugegebenermaßen entspricht er in fast jeder Be-

ziehung nicht mehr den modernen Anforderungen, doch andererseits muß man erkennen, daß die heute am meisten auffallenden Schwächen nicht von der technischen, sondern von der »physischen« Überalterung des Wagens herrühren. Schließlich kann man auch am Verhalten eines 80jährigen Menschen nicht ermessen, was er als 30jähriger geleistet haben mag. So läßt sich eben ein fast 50 Jahre altes Auto nicht unmittelbar mit einem heutigen vergleichen, weil dessen gesamte Mechanik zwar noch funktionsfähig sein mag, aber doch nicht mehr entfernt eine Vorstellung vom ursprünglichen Laufverhalten vermitteln kann. Gerade der damalige Audi galt als ein sehr kultiviertes Automobil. Die Leistung, die er erbrachte, war ebenso selbstverständlich verfügbar wie die doppelte seines heutigen Nachkommen.

Freilich, selbst wenn man von den natürlichen Alterserscheinungen des Motors und anderer Aggregate absieht, ist das Fahrgefühl in einem fast 50 Jahre alten Auto völlig anders als bei einem modernen. Die Motoren hatten etwa die halbe Leistung, ein Wagen entsprechender Größe und Klasse war etwa halb so schnell wie heute. Und das genügte vollauf, denn die Straßen- und Verkehrsverhältnisse, die Ansprüche und Maßstäbe jener Zeit lassen sich mit den heutigen gar nicht vergleichen. Andererseits verdanken die modernen Automobile ihre mannigfache Überlegenheit keineswegs allein den Konstrukteuren und Herstellern, sondern mindestens ebenso der Existenz eines inzwischen hervorragend ausgebauten Straßennetzes und vor allem der Autobahnen. Hätte es diese schon in den zwanziger Jahren gegeben, dann wäre wohl der Audi 1934 dem Audi von 1980 schon wesentlich ähnlicher gewesen!

Die führenden Männer des Unternehmens

Auto Union GmbH

Dr. rer. pol. Dr.-Ing. E. h. Richard Bruhn
(1886–1964)
Vorsitzender der Geschäftsleitung
1949–1956

Dr. rer. pol. Werner Henze
(geb. 1911)
Vorsitzender der Geschäftsleitung
1956–1965

Ing. Rudolf Leiding
(geb. 1914)
Vorsitzender der Geschäftsleitung
1965–1968

Audi NSU Auto Union AG.

Dr.-Ing. Gerd Stieler von Heydekampf
(geb. 1905)
Vorsitzender des Vorstands
1968–1971

Ing. Rudolf Leiding
(geb. 1914)
Vorsitzender des Vorstands
1971–1972

Dr. jur. Gerhard Prinz
(geb. 1914)
Vorsitzender des Vorstands
1972–1973

Dr. Werner P. Schmidt
(geb. 1932)
Vorsitzender des Vorstands
1973–1975

Gottlieb M. Strobl
(geb. 1916)
Vorsitzender des Vorstands
1975–1978

Dr. jur. Wolfgang R. Habbel
(geb. 1925)
Vorsitzender des Vorstands
seit 1979

Dr.-Ing. h. c. Carl Hahn
(1894–1961)
Geschäftsführer
1949–1957

Dr.-Ing. e. h. William Werner
(1893–1975)
Geschäftsführer
1956–1962

Ing. Hanns A. Stoehr
(geb. 1907)
Geschäftsführer
1962–1963

Dipl.-Ing. Ludwig Kraus
(geb. 1911)
Geschäftsführer
1964–1968

Dipl.-Ing. Ludwig Kraus
(geb. 1911)
Vorstand Entwicklung
1968–1972

Dipl.-Ing. Ludwig Kraus
(geb. 1911)
Stellv. Vorstandsvorsitzender
1972–1973

Dipl.-Ing. Ferdinand Piëch
(geb. 1937)
Vorstand Entwicklung
seit 1975

Prof. Eberan von Eberhorst
(geb. 1902)
Chefkonstrukteur
1953–1956

Obering. Oskar Siebler
(geb. 1895)
Chefkonstrukteur
1956–1963

Dipl.-Ing. Ludwig Kraus
(geb. 1911)
Chefkonstrukteur
1963–1965

Dr.-Ing Franz Behles
(geb. 1928)
Chefkonstrukteur
seit 1968

Automobilproduktion der Auto Union GmbH. und der Audi NSU Auto Union AG. 1949–1979

	DKW Lieferwagen 1949–1962	DKW F 89 – F 94 1950–1965	DKW Munga 1956–1968	DKW F 11/F 12 1959–1965	DKW F 102 1963–1966	Audi 60 – Super 90 1965–1972	Audi 100 1968–1976	Audi 80 1972–1978	Audi 50 1974–1978	Audi 80 ab 1978	Audi 100 ab 1976	Audi 200 ab 1979	
1949	504												504
1950	6 873	1 380											8 253
1951	7 418	14 975											22 393
1952	6 785	25 808											32 593
1953	5 358	24 404											29 762
1954	4 103	35 316											39 419
1955	7 045	38 016											45 061
1956	7 827	51 066	249										59 142
1957	3 540	41 445	6 083										51 068
1958	4 667	60 971	2 328										67 966
1959	2 807	55 557	5 805	9 843									74 012
1960	856	58 139	5 304	61 938									126 237
1961	935	40 476	4 743	64 799									110 953
1962	74	19 936	3 868	83 810									107 688
1963		15 195	3 721	75 316	10								94 242
1964		608	3 435	42 482	32 265								78 790
1965		76	3 265	12 671	20 427	15 768							52 207
1966			3 358		351	63 539							67 248
1967			2 274			36 788							39 062
1968			2 317			67 474	90						69 881
1969						52 647	67 852						120 499
1970						64 241	101 655						165 896
1971						75 138	109 568						184 706
1972						41 257	161 523	37 851					240 631
1973						1	159 216	238 696					397 913
1974							93 735	171 399	22 146				287 280
1975							85 121	118 030	84 343				288 194
1976							48 014	150 385	53 540		41 876		293 815
1977								191 227	15 586		195 012		401 825
1978								96 178	5 213	45 578	198 667		345 636
1979										232 286	183 077	162	415 525
	58 792	450 859	46 750	350 859	53 053	416 853	827 474	1 103 766	180 828	277 864	618 632	162	

Belegschaftsentwicklung Audi NSU Auto Union AG. 1965–1978

1965	21 654
1966	20 306
1967	19 750
1968	22 593
1969	25 917
1970	27 951
1971	27 561
1972	29 688
1973	32 341
1974	27 537
1975	21 934
1976	25 363
1977	28 349
1978	28 492

Die Chronik einer großen Automobil-Marke

Alle Horch-Automobile 1900 bis 1945

Von Werner Oswald

136 Seiten
265 Abbildungen
Gebunden, DM 42,–

Im Jahr 1922 verließ Baurat Paul Daimler die einst von seinem Vater gegründete Firma, weil diese einen seinen Vorstellungen entsprechenden Achtzylinder nicht bauen wollte. Die Folgen für das Werk waren bitter. Paul Daimler entwickelte seinen Achtzylinder nun bei Horch. Er verhalf damit dieser Marke auf dem deutschen Markt in der Luxusklasse zur Führung. Ihre Ebenbürtigkeit mit anderen Luxusmarken war unumstritten. Zu jener Zeit war ein Maybach ein Maybach, ein Mercedes ein Mercedes, ein Horch ein Horch. Die Geltung aller drei Marken war unumstritten, ihre Gleichwertigkeit war anerkannt. Jedenfalls gehörten die Horch-Achtzylinder zu den schönsten und feinsten Automobilen der zwanziger und dreißiger Jahre. Liebhaber und Kenner begeistern sich noch heute dafür. Die Geschichte der Horch-Achtzylinder festzuhalten, die Erinnerung an sie zu bewahren, das ist der Zweck dieses, wenn man es so nennen möchte, nostalgischen Buches.

MOTORBUCH VERLAG
POSTFACH 1370
D-7000 STUTTGART 1

Motor buch Verlag